Rute

COMENTÁRIO BÍBLICO PAULINAS

- Êxodo 15,22–18,27
- Jonas
- Rute

LEONARDO AGOSTINI FERNANDES

Rute

Dados Internacionais de Catalogação na Publicação (CIP)
(Câmara Brasileira do Livro, SP, Brasil)

Fernandes, Leonardo Agostini
   Rute / Leonardo Agostini Fernandes. – São Paulo : Paulinas,
2012. – (Coleção comentário bíblico Paulinas)

   ISBN 978-85-356-3041-1

   1. Bíblia. A. T. Rute - Comentários   2. Bíblia. A. T. Rute -
Introduções   3. Esperança - Ensino bíblico   4. Fidelidade - Ensino
bíblico   5. Mulheres na Bíblia   I. Título.   II. Série.

12-00578   CDD-222.3507

Índice para catálogo sistemático:
   1. Rute : Livros históricos : Bíblia : Comentários   222.3507

Direção-geral:
Bernadete Boff

Editores responsáveis:
Vera Ivanise Bombonatto
Matthias Grenzer

Copidesque:
Anoar J. Provenzi

Coordenação de revisão:
Marina Mendonça

Revisão:
Ruth Mitzuie Kluska

Assistente de arte:
Ana Karina Rodrigues Caetano

Gerente de produção:
Felício Calegaro Neto

Projeto gráfico:
Telma Custódio

Capa e diagramação:
Manuel Rebelato Miramontes

1ª edição – 2012

Nenhuma parte desta obra poderá ser reproduzida
ou transmitida por qualquer forma e/ou quaisquer meios
(eletrônico ou mecânico, incluindo fotocópia e gravação)
ou arquivada em qualquer sistema ou banco de dados
sem permissão escrita da Editora. Direitos reservados.

Paulinas
Rua Dona Inácia Uchoa, 62
04110-020 – São Paulo – SP (Brasil)
Tel.: (11) 2125-3500
http://www.paulinas.org.br – editora@paulinas.com.br
Telemarketing e SAC: 0800-7010081
© Pia Sociedade Filhas de São Paulo – São Paulo, 2012

Sumário

Introdução 7

Capítulo I – Temas fundamentais 13

1) A posição do livro de Rute nas edições bíblicas 13

2) O tempo dos juízes 16

3) Um livro de família 18

4) Ser e viver como estrangeiro 20

5) A estrutura e as cenas do livro de Rute 23

Capítulo II – Texto, paralelos, notas e comentários 27

A luta pela sobrevivência 27

Noemi decide regressar, sozinha, para Belém 32

Noemi tenta dissuadir Rute do seu propósito 36

O retorno para Belém e a amargura da sua chegada 37

O Senhor começa a mudar a sorte de Noemi através de Rute 39

Booz fala com Rute e a trata com benevolência 43

Booz manifesta novos gestos de atenção a favor de Rute 45

Rute regressa farta de grãos para casa 47

Noemi pensa e age em função do bem-estar de Rute 51

O encontro e o diálogo noturno de Rute com Booz 55

A generosidade de Booz revela o seu interesse
pela sorte de Rute e Noemi 62

Booz cumpre a palavra dada a Rute 66

O acordo é sancionado segundo o costume 70

A vida refloresceu para Noemi e para Belém 75

COMENTÁRIO BÍBLICO PAULINAS ▪ RUTE

Capítulo III – Reflexões sobre o livro de Rute.............79

1) O altruísmo.....................................79

2) As bênçãos e a imagem de Deus.........................82

3) As viúvas.......................................91

4) Interpretação patrística.............................95

Conclusão.....................................105

Referências bibliográficas........................109

Introdução

A Bíblia contém muitas histórias e estórias. Nela, existem narrativas, nas quais as personagens vivem os seus dramas, as suas angústias, as suas expectativas, as suas alegrias, os seus fracassos e os seus sucessos, mas, principalmente, vivem a dinâmica da fé num Deus que é justo e providente. Esta dinâmica da fé está manifestada na Bíblia através da arte narrativa, mostrando que Deus se deu a conhecer ao homem como um Deus relacional.

Nas suas histórias e estórias, a Bíblia possui muitos "heróis" e "heroínas", homens e mulheres que são apresentados ao ouvinte-leitor como pessoas que passaram, enfrentaram e superaram as mais duras provações. A comunicação e a recepção dessas experiências proporcionam a importância e a perenidade da mensagem, assegurando o efeito do texto sobre o ouvinte-leitor.

O principal objetivo dessas histórias e estórias, o que é contado e o modo como é contado, visa relatar, com convicção, como as personagens se comportaram diante dos acontecimentos e como perceberam a presença e a assistência constante de seu Deus. O livro de Rute está inserido neste objetivo e, como tal, a relação humana e divina acontece e se entrelaça nos fatos que são narrados com grande vivacidade.

As virtudes humanas e religiosas de Rute são contadas para servir de exemplo, pois, nessa estrangeira, encontra-se formulado o ideal religioso que se esperava de uma judia autêntica. Sobressai, sem igual e, além disso, a íntima e profunda união que pode se estabelecer entre nora e sogra, que vivem o mesmo drama, a morte do marido, e que se desdobra nos sentimentos e nas decisões de Rute em relação a Noemi.

Já nos primeiros sete versículos do livro, o narrador, que possui um papel central e habilidoso, pois é ele quem conduz a trama, faz com que o ouvinte-leitor não só acompanhe o seu desenvolvimento, mas viva dinamicamente essa comovente estória.[a] Todavia, o papel do narrador não predomina. A análise do livro mostrará que a sua fala está em função dos acontecimentos. Ele deseja ser um simples mediador entre as personagens e os seus destinatários reais e ideais.

Ao ouvir ou ler o livro de Rute, pode-se entrar em cena com as personagens e "viver", ao lado delas, os fatos que as envolveram. Desse modo, acontece uma cooperação entre o narrador, a sua época e o seu modo específico de comunicar a mensagem, e o ouvinte-leitor que a atualiza na própria vida, no momento em que a recebe abertamente e dela participa ativamente. Quando o ouvinte-leitor presta atenção à fala do narrador, numerosas e preciosas informações lhe são oferecidas.

É possível perceber essas informações usando uma técnica literária muito simples: separar, atentamente, os elementos contidos no texto, e formular algumas perguntas ao próprio texto. Eis algumas dessas perguntas:

Em quantas cenas ou blocos narrativos o livro pode ser dividido? Qual o significado dos nomes das personagens e dos locais inseridos em cada cena ou bloco narrativo? Como as personagens lidam com os problemas e as situações, com a morte principalmente, buscando soluções? Por que, na trama narrativa desse livro, a mulher possui um acentuado protagonismo? Além dessas perguntas, muitas outras podem e devem ser feitas ao texto em cada uma das cenas.

---

[a] O narrador possui funções: assume a regência da história, organizando os discursos; capta a atenção da sua audiência, criando vínculos; proporciona a comunicação, permitindo a ligação entre emissor e destinatário; cria a emoção, fazendo aflorar os sentimentos; gera uma ideologia, estabelecendo a mensagem (cf. G. GENETTE, *Figures III*. Seuil, Paris 1972, pp. 262-263).

A estória que encontramos narrada no livro de Rute, quanto ao seu gênero literário, pode ser classificada de "novela".[b] O livro encontra-se dividido em quatro capítulos, mas é preciso lembrar que esta divisão é posterior, pois os textos eram contínuos e sem os títulos ou os subtítulos que as versões bíblicas modernas possuem.[c]

Uma leitura atenta permite pensar em cenas que se desenvolvem através de uma trama narrativa, que evolui até alcançar o clímax desejado pelo autor: *a morte não tem a última palavra sobre a vida*, pois Deus conduz as experiências das personagens centrais, Noemi e Rute, que tomam iniciativas concretas para enfrentar e superar as suas dificuldades.

A mensagem, então, resulta clara: mostrar que Deus não abandona os que sofrem, mas eles devem assumir, com coragem e determinação, o seu papel e responsabilidade diante dos fatos. Até mesmo os fatos mais trágicos, como as situações que levam à morte, estão todos nas mãos de Deus, pois só Ele possui o pleno domínio da história e de cada ser humano.

A narração possui elementos próprios que devem ser considerados pelo ouvinte-leitor. Os principais elementos da narração a serem individuados, dentro das categorias de *voz*, *tempo* e *modo*, podem ser percebidos através de perguntas simples:

- Quem fala (narrador ou uma personagem)?
- Com quem se fala (interlocutor)?
- De que ou de quem se fala (assunto)?

---

[b] Cf. E. ZENGER, *Kommentar* (SAT), 2004, pp. 22-25. Não se deve entender essa classificação literária como as novelas que são transmitidas em diversos canais de televisão. O gênero novela, na Bíblia, é uma "história" ou "estória" de cunho edificante. Uma narrativa social e de fé que pode ou não ter tido um fundo histórico real. A utilização deste meio literário na antiguidade era fundamental para a formação das futuras gerações, mas, principalmente, para incutir no ouvinte-leitor uma sensibilidade pelas questões tratadas na narração.

[c] Estevão Langton dividiu e introduziu na Bíblia os capítulos no século XIII. Três séculos mais tarde, surgiu a divisão em versículos: Robert Etienne dividiu o Antigo Testamento e Sante Pagnini de Lucca dividiu o Novo Testamento.

- Onde ou de onde se fala (local)?
- Quando se fala (tempo)?
- Quais são os motivos ou as razões de cada fala (situações ou circunstâncias)?
- Como se fala (narração, diálogo, debates)?

A atenção devida a esses elementos oferece uma série de informações que ajudam na correta interpretação do livro e da sua mensagem. Ao lado disso, devem-se perceber as personagens, os locais e as falas que compõem cada uma das cenas dessa "novela". Identificar o protagonista, atuando em cada cena, é uma tarefa indispensável, bem como saber distinguir quando o narrador fala e quando ele concede a vez e a voz às personagens que introduziu na sua narração.

É preciso saber ou lembrar, de antemão, que em uma narrativa bíblica o conhecimento do significado dos nomes das personagens e dos locais citados é fundamental para que aconteça uma correta interpretação. Cada autor, a fim de comunicar a mensagem desejada, escolheu e fez uma minuciosa seleção dos nomes e dos locais onde as cenas e os episódios transcorreram.

Uma aproximação ao livro, levando em consideração apenas as personagens, já causa surpresa ao ouvinte-leitor, pois são quase trinta nomes citados no texto. A maior parte desses nomes aparece nas duas genealogias que encerram o livro. Três personagens, porém, são centrais: Noemi, Rute e Booz, mas o enfoque final revelará, dentro dessas duas genealogias, uma mais breve (cf. Rt 4,17) e uma mais longa (cf. Rt 4,18-22), que a intenção narrativa, na forma final do livro, era falar da origem do futuro rei Davi.

Este volume da obra, Comentário Bíblico Paulinas, encontra-se estruturado em três partes. Na primeira parte, mostra-se que existe uma dimensão histórica no texto que não pode ser renunciada. Alguns temas fundamentais são tratados para que o livro de Rute seja bem contextualizado. Na segunda parte, uma nova tradução é

INTRODUÇÃO

feita a partir do texto hebraico,[d] buscando valorizar a beleza literal e formal do texto, acompanhada de citações marginais paralelas, de notas explicativas e de um comentário aos versículos. Na terceira parte, apresentam-se algumas reflexões, obtidas a partir do comentário, bem como a interpretação patrística sobre o livro de Rute.

---

[d] Bíblia Hebraica. *Quinta editione cum apparatu critico novis curis elaborato.* General Introduction and Megilloth. Stuttgart: Deutsche Bibelgeseschaft, 2004.

CAPÍTULO I

Temas fundamentais

1) A posição do livro de Rute nas edições bíblicas

A Bíblia Hebraica está dividida em três partes: *Torah* (Lei), *Nebi'îm* (Profetas) e *Ketubîm* (Escritos).[a] O livro de Rute encontra-se inserido na terceira parte. Cinco livros, nos Ketubîm, são denominados *M^{e}guillôt*, que significa "rolos". Esses cinco livros eram e ainda são lidos nas sinagogas em cada uma das principais festas judaicas:[b] o livro do *Cântico dos Cânticos* é lido na Festa da Páscoa; o livro de *Rute* é lido na Festa de Pentecostes; o livro das *Lamentações* é lido no primeiro dia do mês de *Ab* (15 de julho a 15 de agosto), lembrando a destruição do templo por Nabucodonosor, rei de Babilônia; o livro do *Eclesiastes* é lido na Festa das Tendas ou Tabernáculos; o livro de *Ester* é lido na Festa de Purîm, quando as sortes foram lançadas para se determinar a data da execução dos judeus durante o reinado de Assuero, mas Deus venceu, também nesse livro, a maldade através da astúcia de uma mulher virtuosa: Ester.

A não ligação do livro de Rute, no cânon hebraico, com o livro dos Juízes denota que a sua redação pode ter sido uma obra independente. Todavia, a sua ligação com a Festa de Pentecostes ou das Primícias tem a ver com o retorno de Noemi e Rute para Belém,

---

[a] A respeito desta divisão, veja-se E. ZENGER (org.), *Introduzione all'Antico Testamento*. Brescia: Queriniana, 2005, pp. 27-34.

[b] Cf. J-N. ALETTI; M. GILBERT; J.-L. SKA; S. DE VULPILLIÈRES, *Lessico Ragionato dell'esegesi biblica: le parole, gli approcci, gli autori*. Brescia: Queriniana, 2006, p. 12.

no momento em que a colheita de cevada estava começando (cf. Rt 1,22), exaltando as bênçãos recebidas. Um dado relevante: a colheita do trigo começava após a colheita da cevada. Desta, os pobres eram os maiores beneficiados. Nesse contexto, o nascimento de Obed, fruto do casamento de Booz com Rute, foi as primícias da qual nasceu o futuro rei Davi, que unificou o povo e estabeleceu, pela tradição bíblica, uma dinastia que durou mais de quatrocentos anos (1010-562 a.C.).[c]

Na versão grega da Bíblia, chamada Septuaginta, ou simplesmente LXX, bem como na versão latina, chamada Vulgata, o livro de Rute encontra-se entre o livro dos Juízes e o Primeiro livro de Samuel. As versões modernas, nas diferentes línguas, seguiram essa disposição, pois tais versões serviram, durante muito tempo, como base para as traduções da Bíblia.

O motivo para essa disposição, diferente da Bíblia Hebraica, tem a ver com o futuro rei Davi, que foi ungido, ainda jovem, por Samuel, o último juiz de Israel para suceder a Saul (cf. 1Sm 16,11-13). Ao lado disso, a notícia inicial do livro de Rute liga os acontecimentos com o período dos juízes (cf. Rt 1,1).[d] Todavia, essa notícia não permite pensar que o livro de Rute foi escrito para ser um apêndice ao livro dos Juízes. Pelo contrário, colocando o livro de Rute depois

---

[c] A data de 562 a.C. refere-se a um fato ocorrido em Babilônia e narrado em 2Rs 25,27-30. Joaquin, vendo-se cercado pelo exército babilônico, entregou-se com sua família ao rei Nabucodonosor, que o exilou para Babilônia, juntamente com um grande contingente jerosolimitano (cf. 2Rs 24,8-17). Após a morte de Nabucodonosor, subiu ao trono Evil Merodak, que, além de conceder um indulto a Joaquin, deu-lhe um trono mais alto entre os seus dignitários, que deveriam funcionar como um conselho formado pelos reis conquistados. Esta estratégia política servia para regular e controlar, em Babilônia, as diferentes etnias que para ela foram levadas em sucessivas conquistas (cf. Cf. Rainer KESSLER, *História social do Antigo Israel*. São Paulo: Paulinas, 2009, pp 154-155).

[d] A tradição cristã viu, com mais intensidade, a unidade entre o livro dos Juízes e o livro de Rute (cf. Eusébio de Cesareia, *História Eclesiástica* VI, 25,2. In: *Corpus Berolinense* II, 2, 572; Santo Atanásio, *Epist. festalis* 39. In: Patrística Grega 26, 1177; Santo Ilário, *In Psalmos Prologus* 15. In: Patrística Latina 9,241; São Jerônimo, *Prologus galeatus*. In: Patrística latina 28, 598).

de Juízes e antes de 1-2 Samuel e 1-2 Reis, que a LXX une sob a denominação de *Reinos*, a figura de Rute serve de parâmetro para apresentar e falar, de forma negativa e positiva, de outras mulheres envolvidas na história do povo eleito.

Para trás, *como exemplo negativo*, encontra-se Dalila, que também é estrangeira e envolveu-se com o juiz Sansão. Dalila foi, de certo modo, a causa da desgraça de Sansão (cf. Jz 16). No cântico de Débora, porém, *como exemplo positivo*, encontra-se o elogio que essa juíza fez a Jael, mulher de Heber, que, por sua coragem, favoreceu a sua vitória sobre Sísara (cf. Jz 4,17-22; 5,24-27).

Para frente, o aspecto negativo recai sobre as mulheres estrangeiras de Salomão, que desviaram o seu coração e favoreceram o culto aos outros deuses em Israel. Dentre as suas mulheres estavam moabitas (cf. 1Rs 11,1-13). Na vida e reinado de Davi, *como exemplo positivo*, encontra-se Betsabeia, que teve um papel decisivo na sucessão ao trono, conseguindo que seu filho, Salomão, reinasse no seu lugar (cf. 1Rs 1,11-39).

Rute, por ser considerada uma mulher de grande virtude, elogiada inclusive pelas mulheres de Belém (cf. Rt 4,15) e por se tornar um elemento essencial na genealogia do rei Davi, entrou, em destaque, na genealogia que Mateus fez de Jesus (cf. Mt 1,5).[e]

Os livros de Josué, Juízes, 1-2 Samuel e 1-2 Reis são considerados uma obra narrativa de cunho histórico-historiográfico. Estes livros foram denominados de Obra Deuteronomista de História.[f] Todavia, é muito improvável que o livro de Rute fizesse parte dessa obra. A decisão pela colocação do livro de Rute entre Juízes e o Primeiro livro de Samuel foi pensada, muito provavelmente, como

---

[e] O evangelista Lucas, considerado um promotor das mulheres, curiosamente e à diferença de Mateus, não inseriu nomes de mulheres na sua lista genealógica sobre Jesus (cf. Lc 3,23-38).

[f] Sobre as questões atuais em torno da Obra Deuteronomista de História, veja-se Thomas RÖMER, *A chamada história deuteronomista. Introdução sociológica, histórica e literária*. Petrópolis: Vozes, 2008.

um exemplo concreto sobre a situação de penúria naquele período, para mostrar como a virtude de uma mulher estrangeira contrastava com aquela situação. Com isso, mostra-se como Deus se fez presente na história do seu povo e interveio, através de uma estrangeira, suscitando o futuro rei Davi, que se tornou, no conjunto de 1-2 Reis (cf. 1Rs 15,3-5.9-11), um paradigma na hora de confrontar a piedade ou impiedade dos seus sucessores, isto é, se foram julgados bons ou maus diante de Deus e dos seus mandamentos.

2) O tempo dos juízes

Não é fácil determinar, com exatidão, quando teve início e quando terminou o tempo dos juízes. A atuação de alguns líderes carismáticos, no período que precede o advento da monarquia, serviu para nomear o sétimo livro da Bíblia. Levando-se em consideração as tradições bíblicas, o período da atuação dos juízes[g] teria acontecido entre os anos 1160-1040 a.C., isto é, respectivamente entre a morte de Josué e a unção de Saul, como primeiro rei de Israel (cf. 1Sm 10,1). Do ponto de vista social, político e religioso, o período dos juízes é denominado *pré-estatal*, porque esse período tinha como característica, funcional e fundamental, a organização da sociedade tribal e familiar segundo o modelo de parentesco.[h]

O tempo dos juízes caracterizou-se como um período de instabilidade, momento dos riscos e perigos que o povo de Deus estava sendo submetido por não possuir, ainda, um regime monárquico capaz de organizar e orientar os diferentes níveis e camadas da sociedade. A razão dessas instabilidades era dupla: *(a) externa*

---

[g] Para uma aproximação arqueológica, veja-se Rainer ALBERTZ, *Historia de la religión de Israel en tiempos del Antiguo Testamento*, vol. 1 (de los comienzos hasta el final de la monarquía). Madrid: Trotta, 1999; Israel FINKELSTEIN; Neil Asher SILBERMAN, *Le tracce di Mosé. La Bibbia tra storia e mito*. Roma: Carocci, 2002; Mario LIVERANI, *Oltre la Bibbia*; storia antica di Israele. Roma: Laterza, 2003; Jacir de Freitas FARIA (org.), *História de Israel e as pesquisas mais recentes*. Petrópolis: Vozes, 2003.

[h] Cf. Rainer KESSLER, *História Social do Antigo Israel*, pp. 66-67.

TEMAS FUNDAMENTAIS

– "histórica" – devido às constantes incursões dos povos circunvizinhos que roubavam, saqueavam e destruíam as plantações, forçando os filhos de Israel a tomarem suas precauções (cf. Jz 6,11-13), ou era fruto das constantes secas que ocorriam na região; *(b) interna* – teológica – mostrando que a causa das instabilidades foi religiosa, atribuída à infidelidade à aliança selada e renovada com Josué antes da sua morte. Ele não deixou um sucessor, mas pode-se dizer que os juízes teriam sido os que procuraram garantir essa aliança entre o povo (cf. Js 24,29-31; Jz 2,6-19).

Os juízes, portanto, foram os responsáveis por manter Israel na terra "tomada e distribuída por Josué", e por livrar o povo dos inimigos que lutavam pela posse e usufruto daquele mesmo espaço de terra. Esta interpretação permanece bem mais próxima à forma como o livro dos juízes narra a ocupação do território pelos israelitas.

A trama narrativo-teológica, contida nos livros dos Juízes e no Primeiro livro de Samuel, aponta para a decadência religiosa, social e política do Israel pré-monárquico. Isso quer mostrar e fundamentar o momento em que surgem duas instituições: o profetismo e a monarquia. Essas duas instituições aparecem ligadas ao último juiz de Israel, Samuel, que ungiu Davi antes de morrer, assegurando a monarquia conforme o desejo de Deus.

Por um lado, então, seguindo a tradição bíblica, contida no livro de Rute, pois ela se tornou a bisavó do futuro rei Davi, poder-se-ia situar os fatos narrados perto do ano 1100 a.C., uns sessenta anos antes do nascimento de Davi. Costuma-se colocar a ascensão de Davi ao trono em torno do ano 1010 a.C., pois ele começou a reinar com a idade de trinta anos e seu reinado durou quarenta anos, levando a crer que viveu, aproximadamente, setenta anos, até 970 a.C. (cf. 2Sm 5,1-5; 1Rs 2,10-11).

Por outro lado, a elaboração e a redação do livro de Rute ocorreram muito tempo depois dos episódios nele descritos.[i] Há estudiosos

---

[i] Erich Zenger aponta sete argumentos que sustentariam o pós-exílio como época de composição do livro (*Introduzione all'Antico Testamento*, pp. 343-344).

que acreditam que o livro é uma literatura fictícia e foi escrito para se contrapor a uma determinação religiosa e social que se deu no final do século V a.c.[j] Nesse sentido, a lembrança do glorioso rei Davi e sua ligação familiar com Rute, uma estrangeira, serviriam de sólido argumento para se contrapor à ordem de Esdras e Neemias quanto ao matrimônio misto, considerado como uma ofensa a Deus (cf. Esd 9,1-2; 10,2-5; Ne 13,23-31). Nem todas as mulheres estrangeiras que se fixaram em Israel através de matrimônios mistos perverteram os costumes ou produziram efeitos nefastos para o povo eleito.

Todavia, o argumento a favor de Rute e de seu duplo casamento com israelitas tem mais a ver com o tema da conversão ao Deus de Israel do que com a controvérsia do matrimônio misto.[k] A intransigência combatida a favor dos estrangeiros aproxima o livro de Rute aos livros de Jonas, de Jó e de Ester, nos quais sobressai o tema do universalismo e abertura de Israel aos povos estrangeiros.

3) Um livro de família

O livro de Rute narra, do início ao fim, os altos e baixos de uma família que viveu o drama da fome, da imigração e da morte dos seus membros homens. Narra, também, questões sociais, envolvendo o direito à herança e ao resgate ligado aos responsáveis legais pelo socorro que deveria ser prestado às mulheres que experimentavam uma profunda situação de miséria, em particular uma viuvez sem filhos. Esses problemas são típicos de pessoas que lutam, corajosamente, pela sobrevivência, tentando se manter da

---

Cristiano D'Angelo, mais prudente, analisa os aspectos linguísticos, narrativos e literários que poderiam ajudar a datar o livro como exílico ou pós-exílico, deixando, contudo, a questão aberta (cf. *Il libro di Rut*; la forza delle donne; commento teologico e letterario. Bologna: EDB, 2004, pp. 193-200).

[j] Cf. C. MESTERS, *Rute*. São Leopoldo/Petrópolis: Sinodal/Vozes, 1986, pp. 11-13; A. da SILVA, *Rute*; um evangelho para a mulher de hoje. São Paulo: Paulinas, 2002, pp. 11-12.

[k] Cf. C. D'ANGELO, *Il libro di Rut*, p 202.

TEMAS FUNDAMENTAIS

melhor forma possível e, muitas vezes, somente com o mínimo necessário.

A trama narrativa gira em função dos fatos ocorridos com a família de Elimelec. A decisão que ele tomou, como chefe de família, de deixar Belém e ir para os campos de Moab, fugindo da fome, fruto provável de uma razão externa, interna, ou até devida aos contínuos períodos de seca na região, provocou todo o desenvolvimento da estória. Esta teve, no início e no fim, dois homens protagonistas, Elimelec e Booz; mas, no fundo, duas mulheres, Noemi e Rute, protagonizaram as cenas centrais do livro.

A decisão de Elimelec tinha como objetivo escapar da morte com a sua família. Deixar Belém pode ter um duplo significado teológico: a luta pela sobrevivência ou o abandono do local que evocava a bênção divina. Elimelec encontrou nos campos de Moab exatamente o que procurou evitar: a sua morte e a morte de seus filhos Maalon e Quelion, que, para permanecerem em Moab, após a morte do pai, tomaram para si mulheres moabitas, respectivamente, Orfa e Rute. Este matrimônio misto, em terra estrangeira, não foi frutífero para ambos, visto que morreram sem deixar descendência. A tragédia de Noemi, que foi a primeira a ficar viúva, mas ainda com dois filhos, aumentou com a morte deles, pois além dela suas noras moabitas também ficaram viúvas e sem filhos. Que fazer diante dessa situação?

Ser viúva era um grande problema nas antigas sociedades. Pior ainda quando a viúva estava privada de prole. Visto que não há mais homens para tomar decisões, coube à matriarca Noemi determinar o que deveria ser feito. O seu ponto de partida teve a ver com o retorno da bênção para Belém (cf. Rt 1,6), mas a verdadeira bênção aconteceu a partir da firme decisão que Rute tomou, não aceitando regressar para a *casa materna* e não permitindo que Noemi regressasse sozinha para a sua terra natal. Rute elege, por assim dizer, Noemi como sua mãe. A estória de família, deste ponto em diante, adquiriu um novo rumo e as duas mulheres assumiram as vicissitudes do retorno com grande protagonismo e confiança na providência divina.

Se o casamento misto nos campos de Moab não foi frutífero, Rute, a estrangeira, casando-se com Booz, nos campos de Belém, resultou no melhor fruto que a sociedade israelita teria: Obed, que seria o avô do futuro rei Davi. Assim como o casamento de Rute com Booz mudou a situação das duas viúvas, Noemi e Rute, o fruto da união de uma estrangeira com o belemita Booz mudaria o perfil do povo inteiro, dando início à mais antiga dinastia judaíta: a dinastia da família do rei Davi. Pode-se dizer que, pela tradição bíblica, a alusão ao nascimento de Davi anteciparia o conteúdo contido na profecia em que Deus prometeu suscitar, através do profeta Natan, uma dinastia a Davi (cf. 2Sm 7).

Vê-se que a tragédia, começada com a família de Elimelec, tornou-se a base para se falar da maior dinastia monárquica que teve o Israel do Antigo Testamento: a dinastia do rei Davi, da qual, segundo os evangelhos, Jesus de Nazaré era um descendente através de José, seu pai adotivo, denominado "filho de Davi" (cf. Mt 1,1-17.20).

4) Ser e viver como estrangeiro

Ser e viver como estrangeiro podia ser algo temporário ou permanente. Há muitos exemplos bíblicos.[1] As relações dos estrangeiros com outros povos podiam ser de simples proximidade ou de real convivência, quando se habitava na mesma cidade.

Todavia, a hostilidade aos estrangeiros, em muitos casos, era um fator relevante (cf. Est 3,7-12). As pessoas livres ou constrangidas à diáspora, por circunstâncias alheias, experimentaram novas dificuldades porque passaram a viver fora do seu núcleo familiar e da sua própria terra. O livro de Rute mostra, especificamente, esse caso.

---

[1] Cf. Josef SCHREINER; Rainer KAMPLING, *Il prossimo – lo straniero – il nemico*. Bologna: EDB, 2001, pp. 29-50.

O povo eleito nasce, segundo a tradição bíblica, da experiência que o seu ancestral Abraão fez como estrangeiro. Ele, seguindo os passos de seu pai Taré, e impulsionado pela vontade divina, deixa a sua pátria, a cidade de Ur dos caldeus, a sua parentela e segue em busca de um lugar onde se instalar, de forma definitiva, com a sua família (cf. Gn 11,31; 12,1.4; 17,8). Um particular deve ser lembrado: Abraão e Sara eram de idade avançada e viviam o dilema de não terem filhos, isto é, herdeiros.

A experiência de Abraão e de sua família, como estrangeiros, também acontece no Egito, e aparece motivada por uma situação vital: "houve fome na terra" (Gn 12,10). A mesma situação deu-se com Isaac (cf. Gn 26,1) e com Jacó (cf. Gn 41,50.53; 42,1-2). O livro de Rute começa com a mesma situação: "houve uma fome na região" (Rt 1,1).

O início jurídico da instalação definitiva de Abraão e de sua descendência em Canaã aconteceu a partir do momento em que o patriarca adquiriu, dos filhos de Het, o campo com a gruta de Macpela, em Hebron, como local funerário para sepultar a sua esposa Sara (cf. Gn 23). O início jurídico de Booz sobre Rute teve início no momento em que ele adquiriu a parte do campo que pertencia a Elimelec e que Noemi pôs à venda (cf. Rt 4,1-11).

Moisés, o grande libertador do povo eleito, fez igualmente a experiência de ser um estrangeiro, e marcou-a com o nome dado ao primeiro filho, *Gerson*, que significa "ser estrangeiro" (cf. Ex 2,22), mas sua prole não teve parte na herança que os israelitas receberam ao entrar na terra prometida. Rute, casando-se com Booz e gerando Obed, deixou de ser uma estrangeira em Belém e passou a ser reverenciada por suas virtudes, dando aos israelitas o fruto que geraria uma descendência régia.

A legislação do Antigo Testamento, num modo geral, apresenta o estrangeiro como um dependente de Deus. Ele deve ser acolhido e bem tratado. A proteção a ser dada ao estrangeiro, residente em Israel, liga-se, em particular, à observância do sábado. Isto colocava as relações humanas na ótica das relações com Deus (cf. Ex 20,10; Dt 5,14). Na base de tudo isso, porém, residia a lembrança do tempo em que os filhos de Israel viveram como estrangeiros, mas ficaram oprimidos no Egito (cf. Ex 22,20; 23,9)[m] e, mais tarde, em Babilônia (cf. Ez 20,38; Sl 137,4).

Um duplo movimento migratório podia acontecer a uma família ou a um indivíduo. Ser estrangeiro significava, em tese, viver fora do próprio ambiente familiar, clânico ou tribal. Este ambiente oferecia a possibilidade de vida, de proteção e de segurança aos seus membros. Elimelec e sua família expuseram-se ao incerto quando foram parar nos campos de Moab. Por sua vez, Rute, regressando com Noemi e fazendo-se estrangeira, expôs-se aos desígnios do Deus de Noemi e assumiu todas as consequências da sua opção ao lado de sua sogra.

O livro de Rute mostra um duplo movimento de pessoas que, por conta de situações diferentes, se tornaram estrangeiras. No primeiro, Elimelec e sua família deixam Belém, por causa da fome, para se instalarem nos campos de Moab. Um êxodo em busca de sobrevivência. Esta família viu-se constrangida a se tornar estrangeira e isto significava submeter-se, caso aceita na sociedade de Moab, ao regime vigente do local no qual se instalara (cf. Nm 9,14; 15,14-16). No segundo, Rute, após ficar viúva, decide deixar a sua terra natal para acompanhar a sua sogra Noemi. Um êxodo de solidariedade e de conversão, pela qual ela se tornou a mais sublime estrangeira em Belém. A favor da sua decisão, jurou que viveria como os judeus (cf. Rt 1,16-17).

---

[m] Ex 22,20-23 apresenta uma lei que visava proteger o estrangeiro, o órfão e a viúva. Todavia, esta concepção positiva em relação, principalmente ao estrangeiro, parece ser fruto de uma reflexão deuteronomista, mais voltada para a justiça social a ser estabelecida em Israel e que foi inserida, mais tarde, no livro do Êxodo. (cf. L. SCHWIENHORST-SCHÖNBERGER, *Das Bundesbuch* [Ex 20,22–23,33]. Berlin-New York: *BZAW* 188, 1990, 350).

5) A estrutura e as cenas do livro de Rute

O livro está estruturado, basicamente, em três partes: a) uma introdução (Rt 1,1-5); b) um corpo (Rt 1,6–4,12); c) uma conclusão (Rt 4,13-22). O corpo do livro transcorre em torno de decisões, de diálogos, de ações e de reações que movimentam a trama narrativa que vai evoluindo, de forma moderada e lenta, nas unidades ou episódios em cada capítulo, até atingir um final desejado.

O primeiro capítulo tem um movimento intercalado de ações e de reações decisivas:

vv. 1-5: Elimelec decide ser estrangeiro com a sua família nos campos de Moab. Esta cena inicial apresenta o movimento de Belém para os campos de Moab e coloca os fundamentos para as cenas sucessivas.

vv. 6-7: Noemi decide regressar para Belém e as noras a seguem. O movimento é contrário: dos campos de Moab para Belém.

vv. 8-14: Noemi, no caminho, faz de tudo para dissuadir as suas noras, a fim de que fiquem em Moab e refaçam suas vidas por um novo matrimônio.

vv. 15-18: Noemi convence Orfa, mas é convencida pelos argumentos de Rute, que regressa com ela para Belém; a firmeza na decisão de Rute coloca as bases para a reversão da tragédia.

vv. 19-22: Noemi chega a Belém com uma estrangeira e é recebida pelas mulheres, diante das quais proclama a sua amargura.

O segundo capítulo abre-se com uma informação particular que introduz uma nova personagem, Booz (v. 1), e gira em torno dos diálogos que transcorrem de forma simétrica, tendo, ao centro, o diálogo entre Booz e Rute:

vv. 2-3: O diálogo entre Rute e Noemi;

vv. 4-7: O diálogo entre Booz e o encarregado dos ceifadores;

vv. 8-15a: O diálogo entre Booz e Rute;

vv. 15b-16: A ordem de Booz para os ceifadores;

vv. 17-18: Rute alcança êxito no seu primeiro dia no campo de Booz;

vv. 19-22: O diálogo entre Noemi e Rute.

A estrutura do terceiro capítulo é também simétrica e envolve diretamente Noemi, Rute e Booz, que atuam dialogando em torno dos planos de Noemi e Booz:

vv. 1-6: O diálogo entre Noemi e Rute;

vv. 7-15: O diálogo entre Booz e Rute;

vv. 16-18: O diálogo entre Noemi e Rute.

O quarto capítulo encerra suspenses, decisões, atestações e louvores.

vv. 1-6: Booz articula o seu plano diante do "fulano de tal" e das testemunhas;

vv. 7-12: O acordo é sancionado entre Booz e o "fulano de tal" diante das testemunhas;

vv. 13-17: Booz une-se a Rute, gera um filho e as mulheres louvam-na diante de Noemi;

vv. 18-22: genealogia final.

A estrutura do livro permite perceber correspondências entre as suas partes, que são estabelecidas a partir do drama vivido por Noemi e pelas qualidades de Rute e de Booz, que se encontram e estabelecem um vínculo em Rt 2. Rute e Booz são as personagens que concederam ao livro a mudança da situação dramática num desfecho favorável.

A trajetória geográfica interage com a trajetória demográfica: de Belém para os campos de Moab, a morte e as chances de sobrevivência predominaram sobre Noemi e sua família; dos campos de Moab para Belém, a vida e as chances de sobrevivência predominaram para Noemi e sua família, alcançaram os belemitas e, por Davi, para todo o Israel. Rute, com a sua decisão e a sua profissão de fé no Deus de Noemi, foi o suporte dessa mudança ao lado de Booz.

Assim, Rt 1,1-5 corresponde a Rt 4,13-22: a situação de morte foi revertida em vida; Rt 1,6-19 corresponde a Rt 4,1-12: a impossibilidade de um novo matrimônio é revertida para Rute e favorece Noemi; e Rt 1,20-22 corresponde a 3,1-18: a amargura de Noemi foi transformada em esperança. A história de Noemi alcançou um desfecho favorável graças à decisão de Rute em continuar com ela e graças a Booz, que veio ao encontro das necessidades de Noemi com generosidade e atenção pessoal por Rute.

CAPÍTULO II

Texto, paralelos, notas
e comentários

A luta pela sobrevivência

1, ¹Nos dias em que os juízes julgavam,[a] uma fome ocorreu na região;[b] e um homem, de Belém de Judá,[c] andou e se tornou estrangeiro nos campos de Moab:[d]

Gn 12,10; 26,1

---

[a] Literalmente: *nos dias do julgar dos juízes*. A abertura do livro evoca tempo, ação, personagens e um fato crítico, a fome, como uma forma pertinente para situar a trama narrativa que se desenvolverá. Não há, no livro, outra citação explícita sobre os *juízes*, mas a figura de Booz e suas atitudes de justiça, praticadas devido às necessidades de Rute e Noemi, diante dos anciãos, junto ao portão da cidade, fazem dele um exemplo de juiz em Belém.

[b] O termo אֶרֶץ pode significar "terra", "país" ou "região". Visto que Elimelec e sua família eram efrateus e viviam em Belém de Judá, emigrar para Moab significava tomar uma atitude concreta frente ao problema, a fim de vencer a fome. O termo אֶרֶץ traduzido por "região" seria mais condizente com a narrativa, porque o termo está jogando com duas regiões e os seus significados: Belém, *casa do pão*, que, pela fome, está sem pão; e Moab, *sêmen do pai*, local no qual Maalon e Quelion se casaram com mulheres moabitas e morreram sem suscitar nelas uma descendência.

[c] A locução *Belém de Judá* serve para diferenciá-la da Belém de Zabulon, que estaria situada na baixa Galileia (cf. Js 19,15), e que teve Abesã como seu juiz (cf. Jz 12,8-10). A Belém de Zabulon é comumente identificada com Beit Lahm, que fica, atualmente, a 11 km da cidade de Nazaré.

[d] Segundo Gn 19,30-38, os moabitas seriam parentes dos israelitas. Eles eram descendentes de Ló, sobrinho de Abraão. Com a morte da mãe, as duas filhas de Ló, a fim de suscitar uma descendência ao pai, se uniram a ele, mas para executar seu plano, elas tiveram que embriagá-lo. A filha mais velha foi a mãe dos moabitas, que significa: "do meu pai" ou "saído do meu pai"; e a filha mais nova foi a mãe dos amonitas, que vem da expressão: "filho do meu povo". Aman, atual capital da Jordânia, conserva a memória dos amonitas.

ele, a sua mulher e os seus dois filhos. [2] O nome desse homem era Elimelec,[e] e o nome da sua mulher era Noemi,[f] e o nome dos seus dois filhos eram Maalon[g] e Quelion.[h] Eles eram efrateus de Belém de Judá. Então, eles entraram nos campos de Moab e se instalaram neste lugar. [3] Elimelec, esposo de Noemi, morreu, e ela permaneceu só com seus dois filhos. [4] Estes tomaram para si mulheres moabitas; o nome da primeira era Orfa[i] e o nome da outra era Rute;[j] e, por dez anos, habitaram lá.[k] [5] Entretanto, Maalon e Quelion também morreram; e a mulher permaneceu sem os seus dois filhos e sem o seu marido.[l] [6] Então, ela levantou-se, com as suas noras, e decidiu retornar dos campos de Moab, porque ouviu, nos campos de Moab, que o Senhor visitara o seu povo,[m] para dar-lhes pão. [7] Então, ela partiu daquele lugar, no qual esteve com as suas duas noras; e elas andaram no caminho que levava de volta para a terra de Judá.[n]

---

[e] Elimelec significa *meu Deus é rei.*

[f] Noemi significa *minha doçura.*

[g] Maalon significa *enfermidade.*

[h] Quelion significa *desfalecido.*

[i] Orfa significa *a que dá as costas,* derivado, talvez, da atitude de "abandono" que assumiu ao aceitar a proposta de Noemi, retornando para o seu povo e familiares.

[j] O significado do nome Rute é incerto. Admite-se *a amiga,* visto que ela assumiu uma atitude oposta à atitude de sua cunhada, preferindo seguir o caminho ao lado de Noemi.

[k] Dez anos não se refere ao tempo total dessa família nos campos de Moab, mas ao tempo de vida matrimonial de Maalon com Rute e de Quelion com Orfa.

[l] A Septuaginta e a versão Siríaca, para harmonizar o texto, invertem a ordem: *sem o seu marido e sem os seus dois filhos.*

[m] A visita divina, aqui, tem conotação positiva e significa agraciar com uma abundante colheita. Com isso, devolve-se o sentido contido no termo Belém: *casa do pão.*

[n] A locução "de volta" (לָשׁוּב, literalmente, "para regressar" ou "para voltar") permite perceber que o sentido desse caminho rumo a Belém tem a ver com a rota adotada na decisão de Elimelec. Todavia, a locução não denota somente uma rota específica, mas é indicadora de um êxodo que tem início na vida de Noemi, com forte conotação de desgosto, arrependimento e conversão. Noemi, que deixou Belém com marido e filhos, teve de retornar de mãos vazias (cf. Rt 1,21).

v. 1: A referência temporal é genérica e bastante abrangente, mas, ao mesmo tempo, é indicadora de uma situação politicamente específica que, segundo a tradição bíblica, teria ocorrido após a morte de Josué, sucessor de Moisés (cf. Nm 27,18-23; Dt 34,9; Js 1,1-9). Uma vez que Josué não teve sucessor, os juízes poderiam ser considerados os continuadores da sua missão, mas cada um teria atuado num tempo específico, na sua específica região e para a sua própria tribo. Se a missão de Josué foi fazer atravessar o rio Jordão, conquistar e dividir entre os filhos de Israel a Terra Prometida (cf. Js 1,1-5), a missão dos juízes foi a de libertá-los dos seus inimigos e da possível perda da terra prometida, dada pelo Senhor. Não há referência explícita de um juiz atuando em Belém, mas o provável juiz de Judá teria sido Otoniel (cf. Jz 3,7-11). Jefté também atuou a favor de Judá (cf. Jz 10,9). Além dos períodos de grande aridez, por falta de chuvas, o livro dos Juízes fala de diversas incursões inimigas, que deixavam os israelitas sem provisões e os colocavam em sério risco de morte (cf. Jz 6,3-6.11). Belém não teve um juiz, mas dessa cidade saiu mais que um juiz, saiu um rei: Davi.

Elimelec, fugindo da fome e tornando-se, com sua família, um estrangeiro em Moab, insere-se na dinâmica patriarcal da luta pela sobrevivência fora de Canaã. Abraão (cf. Gn 12,10), Isaac (cf. Gn 26,1) e Jacó (cf. Gn 41,25-27.53–42,5; 43,1-2) passaram pela experiência de penúria e tiveram que imigrar para fugir da fome, que, certamente, traria a morte como consequência. Gn 19 narra a experiência trágica de Ló, sua mulher e suas duas filhas em Sodoma e, por eles, têm início os moabitas. Os campos de Moab aparecem citados em Gn 36,35 num contexto de morte pela guerra e 1Cr 1,46, recapitulando a história, recorda o fato. Nm 21,20 evoca Moab como uma das etapas da marcha dos israelitas rumo à Terra Prometida. 1Cr 8,8 menciona os descendentes de Saaraim nascidos neste local. Todavia, os campos de Moab evocavam uma realidade hostil. Elimelec preferiu correr os riscos a deixar sua família morrer pela fome.

v. 2: A indicação de que Elimelec, sua mulher e seus filhos eram efrateus, nome que significa frutuoso, liga esta família a um clã específico e a um local específico. Éfrata era o local no qual Raquel, esposa de Jacó, morreu e foi sepultada (cf. Gn 35,16.19), e onde nasceu o último filho de Jacó, Benjamim (cf. Gn 48,7). Em Mq 5,1-3, Éfrata é evocada e citada ao lado de Belém (cf. 1Cr 4,4), local do futuro nascimento do messias e descendente de Davi, que era considerado um efrateu de Belém (cf. 1Sm 17,12). Estas referências serviram de base para Mateus lembrar e utilizar a profecia de Miqueias em relação a Jesus (cf. Mt 2,6). Com esta referência local inicial, a narrativa já enseja o final teológico e messiânico do livro (cf. Rt 4,17.22).

O propósito de Elimelec alcançou o êxito desejado, pois não só conseguiu chegar aos campos de Moab, percorrendo, aproximadamente, uns 100 quilômetros, como conseguiu, igualmente, se estabelecer no local. Elimelec e sua família, tornando-se estrangeiros, deviam se submeter às leis e aos costumes locais, ao menos enquanto estivessem em solo moabita.

A morte de Elimelec e de seus dois filhos poderia ser vista como uma trágica consequência do abandono da Terra Prometida. Quem procurou fugir da morte em sua região, por causa da fome, acabou por encontrá-la em terra estrangeira. Morrer e ser sepultado fora da Terra Prometida, e da sua herança, significava, nos tempos de Amós, uma desgraça (cf. Am 7,17). Rute, deixando os campos de Moab, aceitará esta condição (cf. Rt 1,17).

v. 3: Enfrentar o caminho até os campos de Moab foi motivado pelo ímpeto e pelo desejo de sobreviver. A morte de Elimelec é um duro golpe nesta família e aumenta as dificuldades para Noemi e seus dois filhos, pois a viúva e os órfãos deveriam ser assumidos por um parente próximo, que lhes garantiria a sobrevivência. Isto, porém, é algo que não pôde acontecer, pois Noemi e seus dois filhos se encontravam em terra estrangeira. A luta pela sobrevivência continua numa perspectiva matrimonial.

TEXTO, PARALELOS, NOTAS E COMENTÁRIOS

v. 4: O casamento dos filhos de Noemi, Maalon e Quelion, com mulheres moabitas asseguraria a permanência da família nos territórios de Moab. Este fato representaria o desejo de essa família permanecer em terra estrangeira. Os filhos que nascessem do casamento misto seriam considerados moabitas e não efrateus, porque a ascendência era determinada pelo lado feminino.

v. 5: O narrador, pela segunda vez, evoca a trágica consequência que a família de Noemi enfrentou em terra estrangeira. Primeiro, ela ficou sem o marido e, agora, ficou sem os dois filhos e sem netos. Privada de seus maiores bens, lhe restou, somente, tomar uma decisão sábia e sensata: voltar para Belém, motivada, porém, pela notícia da visita favorável do Senhor ao seu povo.

v. 6: Noemi agora está sem seus dois filhos, mas com suas duas noras, que compartilhavam a sua condição de viúva. As dificuldades aumentaram para Noemi, pois seus filhos não tiveram prole com suas esposas moabitas. É um trágico agravante, um fracasso ou, pelo objetivo do livro, como um todo, isto poderia ser considerado uma disposição divina, que teria reservado, para Rute, um futuro matrimônio com um efrateu, Booz, com quem geraria Obed, nome que significa servo, e se tornaria o futuro avô do rei Davi (cf. Rt 4,13.17.21-22).

O desejo de retorno foi motivado por uma notícia que, em meio às duras vicissitudes, gerou em Noemi a esperança de sobreviver entre os seus familiares; única segurança que lhe restava. A motivação, porém, tem forte conotação teológica: o pão retornou a Belém porque o Senhor visitou, favoravelmente, o seu povo.

v. 7: A notícia poderia ser considerada desnecessária, visto que, praticamente, repete-se o que foi anunciado no versículo anterior. Todavia, a insistência recai na atitude de Noemi, que se dispôs a percorrer o caminho que leva, novamente, para o território de Judá, regressando a Belém. O interesse recai sobre o movimento típico do êxodo, como uma marcha que lembra a peregrinação do povo rumo à Terra Prometida. Reentrar na terra evocaria a esperança. Noemi

COMENTÁRIO BÍBLICO PAULINAS ■ RUTE

não deseja morrer em terra estrangeira, do contrário os bens de família ficariam alienados.

Noemi decide regressar, sozinha, para Belém

1,[8] Noemi, porém, disse às suas noras: "Ide! Retornai[o] cada uma para a casa materna.[p] Que o Senhor use de misericórdia para convosco, como vós fizestes para os mortos e para comigo.[q] [9] Que o Senhor vos faça encontrar uma condição estável, cada uma na casa de seu marido."[r] Depois, as beijou. Então, elas levantaram a voz e choraram.[s] [10] Elas lhe responderam: "Não! Nós retornare-

2Sm 2,6

1Cr 22,18

---

[o] O verbo שׁוּב possui um grande valor semântico e teológico. Aqui, indica uma mudança radical não só de direção, mas de posicionamento frente à situação instaurada. A decisão de regressar foi tomada, primeiramente, por Noemi, pois para ela caberia falar de regresso. Para as noras, Noemi ordena que cada uma volte para a sua própria segurança: a casa materna, a fim de que possam ter uma nova chance de matrimônio. A dinâmica do retorno, no caso de Noemi, tem a ver com o êxodo e com a ação salvífica que o povo de Deus experimentou ao sair do Egito (cf. C. D'ANGELO, *Il libro di Rut*, pp. 199-200).

[p] O retorno para a *casa materna* ao invés de *casa paterna* é um dado curioso no texto e não é algo simples de ser interpretado, principalmente levando em consideração que Rute ainda tinha pai quando decidiu seguir Noemi (cf. Rt 2,11). Quem trabalha nos campos vive de uma cultura agrícola, e dificilmente levaria uma vida nômade mais adaptada à cultura pastoril. Por isso, não seria condizente interpretar a locução como uma memória de costumes nômades, nos quais a tenda era considerada um local de domínio da matriarca. O fato a ser considerado tem a ver com a expressão oposta, *casa do pai*, indicadora não só do espaço material, mas, em sentido jurídico, do estreito parentesco que une os membros de uma família.

[q] O termo חֶסֶד evoca ternura, bondade, misericórdia, amor, fidelidade etc. Noemi desejou para as suas noras o que de melhor o seu Deus, YHWH, lhes podia dar. Pela primeira vez, no livro, foi introduzido um dado religioso explícito e que evoca uma revelação exodal (cf. Ex 34,6-7).

[r] Noemi, que até o presente momento nada falou no livro, assume o protagonismo da cena e discursa para as suas noras, usando argumentos convincentes. Ela consente, em tom imperativo, que as suas noras retornem, cada uma, para a casa materna e faz dois augúrios de boa sorte: a) usa a Lei do Talião de forma positiva; b) usa uma formulação típica de bênção, rogando a Deus por aquilo que suas noras mais necessitam: que encontrem uma situação estável na casa de um novo marido.

[s] Curiosamente, somente agora o narrador faz as suas personagens gritarem e chorarem diante de algo tão trágico: pior do que a separação pela morte é a separação em vida. Gritar e chorar são duas ações enfáticas, mas o ouvinte-leitor

mos contigo para junto de teu povo". [11] Noemi respondeu-lhes: "Retornai, minhas filhas! Por que deveríeis vir comigo? Acaso eu ainda possuo filhos em meu ventre que possam se tornar vossos maridos? [12] Retornai, minhas filhas; ide! Porque eu sou muito velha para pertencer a um homem.[t] E ainda que dissesse: 'Há esperança para mim! Sim, eu serei esta noite de um homem; sim, eu conceberei filhos'! [13] Será que vós aguardaríeis o crescimento deles? E, enquanto isso, vos deixaríeis de pertencer a um homem? Não! minhas filhas, pois, para mim, a amargura é maior do que para vós; foi contra mim que a mão do Senhor se ergueu". [14] Então, elas levantaram a voz e, novamente, choraram. Depois disso, Orfa beijou a sua sogra.[u] Rute, porém, prendeu-se a ela.

v. 8: A narrativa prossegue usando um tom de grande realismo, após os fatos trágicos que se abateram sobre a vida de Noemi: (a) a fome em Belém; (b) Elimelec que decide deixar a parte do seu campo e sua pátria, tornando-se estrangeiro, com sua família, nos campos de Moab, visando fugir da fome, isto é, fugir da morte; (c) a morte de Elimelec nos campos de Moab; (d) o casamento dos filhos com moabitas; (e) a morte dos filhos após dez anos sem filhos; (f) a falta de netos-herdeiros; (g) a decisão de regressar, por causa da notícia recebida nos campos de Moab.

v. 9: O conselho de Noemi tem a ver com a realidade que está sendo partilhada por mulheres que possuem a mesma condição social: as três são viúvas e nenhuma delas foi abandonada por seu marido

---

esperaria que elas acontecessem, em primeiro lugar, com Noemi após a morte de Elimelec e, em segundo lugar, com a morte dos seus dois filhos. Nenhuma das mulheres chorou a morte dos homens, mas choraram por causa da fala de Noemi, que se decidiu pela separação, em vida, de suas noras.

[t] Diante da resposta obtida, após a voz de lamento e choro, Noemi retomou a fala e apresentou um argumento bem mais convincente que o anterior. Ela assumiu, diante das suas duas noras, uma responsabilidade que evocava um costume local, no Antigo Oriente Próximo, que era conhecido, na Bíblia, por "lei do levirato" (cf. Dt 25,5-10; Mt 22,23-33; *levir*, em latim, significa "cunhado"); lei que, de algum modo, parecia ir contra ao que está dito em Lv 18,16; 20,21. Na fala de Noemi, pode-se supor uma alusão ao levirato, mas não ao direito de uma viúva possuir e dispor de uma herança, como acontecerá na fala de Booz diante do seu parente próximo e dos anciãos da cidade (cf. Rt 4,3).

[u] A Septuaginta, falando de Orfa, acrescenta: *e voltou para o seu povo* (cf. Rt 1,15).

em uma situação de divórcio, para que se pudesse pensar no retorno à casa do pai a fim de se viver com o dote que tinha sido pago. O livro também não menciona o dote a ser pago ao pai de Orfa e Rute. O silêncio sobre essa prática comum não seria excludente.[v]

v. 10: A reação de Orfa e Rute causa uma forte comoção também no ouvinte-leitor sensível ao drama dessas três mulheres viúvas e sem filhos. As noras não aceitaram a proposta de Noemi e não pretenderam se separar dela. A decisão das duas consistiu em voltar com Noemi para Belém, isto é, continuar partilhando a mesma sorte da sogra.

vv. 11-12: O realismo do argumento de Noemi é válido, devido à sua condição etária e às esperanças de vir a ter um novo marido em sua pátria, que nela pudesse gerar filhos, a fim de dá-los às suas noras. Noemi descartou a possibilidade de se aplicar a ela, mesmo que no futuro, a "lei do levirato".[w] Ela não poderia se beneficiar dessa lei,

---

[v]   O termo מֹהַר é comumente traduzido por "dote da noiva", mas traduzi-lo por "presente de casamento" poderia ser mais adequado. Três textos referem-se ao מֹהַר, Gn 34,12; Ex 22,17; 1Sm 18,25, mas sem conexão com a terminologia de "compra" e "venda". Gn 31,15 e Rt 4,10 são dois casos em que a linguagem comercial é usada em conexão com o casamento. O presente de casamento deveria compensar, em parte, a mão de obra que uma filha representava para a casa dos seus pais. Esse dote, no fundo, pertencia à esposa, do contrário não se entenderia Lia e Raquel referirem-se a tal dote como "nosso dinheiro" (Gn 31,15). O מֹהַר era uma prevenção contra a miséria da esposa, caso recebesse uma carta de divórcio ou ficasse desprovida dos bens do marido. Rute, desejando respigar no campo, demonstrava ser uma boa filha para Noemi, capaz de buscar sustento para manter a casa. Rute, porém, não era parte do negócio junto à parte do campo de Elimelec, mas, sua sujeição a Booz, na eira, mostra-a como responsável pela iniciativa comercial que se travou junto ao portão da cidade. Ao que tudo indica, Booz usou de uma estratégia para ficar com o direito ao resgate e, assim, poder ficar com Rute, que, ao lado de Noemi, passou a ser uma potencial herdeira.

[w]   O levirato era previsto na Torah (cf. Gn 38; Dt 25,5-10), mas sua aplicação é insignificante, porque, ao que tudo indica, tal lei foi muito mais valorizada pela instituição rabínica como uma forma de compensação. F. S. FRICK, *As viúvas na Bíblia Hebraica: Uma abordagem Transacional*. In: Athalya BRENNER (org.), *De Êxodo a Deuteronômio a partir de uma leitura de gênero*. São Paulo: Paulinas, 2000, pp. 159) afirma: "O levirato não somente continuava a linhagem do falecido, ele também reafirmava o lugar da jovem viúva na casa da família de seu marido."

visto que seu matrimônio com Elimelec fora fecundo e com dois filhos homens. Com isso, descartava-se, igualmente, a possibilidade de se aplicar tal instituição às duas noras. Orfa e Rute não teriam como se beneficiar com uma lei que previa o dever da solidariedade parental. Essa fala de Noemi antecipa e prepara, de certo modo, o envolvimento de Rute com Booz, que somente pôde acontecer porque Rute decidiu seguir viagem com a sua sogra para Belém, após uma solene profissão de fé. Esta justificaria o interesse de Booz e o louvor que Rute recebeu dos anciãos e das mulheres de Belém.

v. 13: Noemi falou da condição que envolvia as duas jovens viúvas e sem filhos: a força da natural incontinência sexual somada ao desejo, devido à cultura, de que se realize a plenitude para uma jovem mulher: ter um filho e, preferencialmente, do sexo masculino para que perpetuasse a família do marido.

v. 14: A argumentação de Noemi terminou de forma dramática, revelando o seu estado de vida e colocando, sobre o seu Deus, o fardo que ela disse carregar. Noemi fez referência à amargura que sente, antecipando o que ela dirá às mulheres de Belém: *não me chamem Noemi, mas Mara*, que significa amarga. A cena tem um primeiro fim, no qual um novo pranto aconteceu entre as três mulheres. Orfa decidiu ouvir os conselhos de Noemi e selou o seu retorno com um beijo. Rute, porém, decidiu ligar-se e não abandonar Noemi. A atitude de Rute, deixando sua pátria e seus parentes, pode ser uma referência que evocava as atitudes do patriarca Abraão (cf. Gn 12,5), que obteve a graça de um filho por ter obedecido aos desígnios de Deus.[x]

---

[x] As ligações literárias, temáticas e teológicas entre o livro de Rute e os patriarcas colocam a jovem moabita na mesma dinâmica obediencial (cf. C. D'ANGELO, *Il libro di Rut*, pp. 197-198).

Noemi tenta dissuadir Rute do seu propósito

1,[15] Então ela disse: "Eis que a tua cunhada retornou para o seu povo e para os seus deuses.[y] Retorna atrás de tua cunhada!"[z] [16] Rute, porém, respondeu: "Não me forces para te abandonar e retornar, afastando-me de ti;[aa] porque, aonde fores, eu irei; e onde passares a noite, eu passarei contigo; teu povo será o meu povo e teu Deus será o meu Deus. [17] No lugar em que morrerdes, eu morrerei, e lá serei enterrada. Que o Senhor me faça algo bem pior se a morte não for o que de fato nos separará!" [18] E viu que estava decidida a andar com ela; então, não a forçou mais.

1Sm 20,13; 2Sm 3,9; Jr 28,6

v. 15: O novo argumento de Noemi foi mais forte. A sorte de Rute tem a ver com as suas obrigações em relação ao seu povo e aos seus deuses. Visto que o Pentateuco apresenta normas de conduta para o estrangeiro, que vive no meio do povo eleito, cuja motivação estava ligado ao êxodo (cf. Ex 12,49; 22,20; Nm 9,14; 15,14-16), pode-se dizer que, pela tradição bíblica, Noemi sabia, perfeitamente, como um estrangeiro deveria se comportar em sua terra natal. Neste sentido, a vida para Rute em Moab seria mais fácil do que em Belém.

vv. 16-17: A decisão de Rute evoca um compromisso assumido com Noemi, com o seu povo e, principalmente, com o seu Deus. Rute demonstrou ser livre para decidir o rumo que pretendeu dar para a

---

[y] A divindade principal dos moabitas era o deus Camos (cf. Jz 11,24; Nm 21,29; Jr 48,7.13.46), cultuado, também, pelo rei Salomão, que teve mulheres moabitas (cf. 1Rs 11,7.33). Durante o culto ao deus Camos eram cometidas imoralidades (cf. Nm 25,1-3).

[z] Noemi tentou, a todo custo, fazer com que Rute tomasse a mesma decisão de Orfa. Usou, para isso, outros dois fortes argumentos: que Rute voltasse para seu povo e para os seus deuses. Esd 9,1-22 e Ne 13,23 aludem à proibição do casamento de israelitas com mulheres dos outros povos, inclusive com moabitas. Por causa dessas notícias, sobre Moab e suas divindades, pode-se perceber uma razão para Rute tomar uma decisão contrária à decisão de Orfa. Para Rute, porém, teve início uma nova vida ao lado de Noemi, a quem presta um solene juramento, evocando o nome do Senhor.

[aa] Outra tradução possível seria: *não insistas comigo para eu te abandonar e para regressar em uma direção oposta à tua.*

sua vida. Estar ao lado de Noemi e partilhar a sua sorte, até que a morte as separe, denota o interesse de Rute pelo bem-estar de sua sogra para além dos vínculos étnicos e sanguíneos. Pode-se pensar que, para Rute, a ordem de Noemi se concretiza: ela e seu povo se tornaram a sua nova casa materna, porque desejou assumir sobre si a vida religiosa do povo de Noemi, suas normas e suas prescrições. Rute aceitou viver como uma belemita.

v. 18: Este versículo encerra a polêmica em torno da vontade de Noemi no tocante a Rute, decidida a regressar com a sua sogra. O vínculo é duradouro, somente a morte as separará. O respeito pela vontade de Rute foi acolhido por Noemi, devido à sua firme convicção e porque houve um juramento envolvendo o nome do Senhor, Deus de Noemi. A palavra de Rute teve peso e valor pela sua profissão de fé incondicional. Disto resultou a desistência de Noemi. Deste momento em diante, Rute assumiu o protagonismo no livro ao lado de Noemi, abrindo-se uma nova página na vida dessas duas viúvas, que se tornaram companheiras de caminhada e parceiras da mesma sorte.

O retorno para Belém e a amargura da sua chegada

1,[19] As duas caminharam até atingir Belém. E, quando elas atingiram Belém, a cidade inteira se agitou por causa delas. As mulheres perguntavam: "Esta é Noemi?"[ab] [20] Ela, porém, respondeu-lhes: "Não me chameis Noemi, chamai-me

---

[ab] Deve-se imaginar que o retorno não foi, absolutamente, fácil, pois são duas mulheres percorrendo o caminho dos campos de Moab para os campos de Belém. O percurso pode ter durado dias, levando em consideração que a média, percorrida por uma pessoa saudável, era de uns quarenta quilômetros diários. De Moab a Belém, o caminho mais curto exigia a travessia na altura do sopé da cadeia montanhosa de Moab e o rio Jordão (cf. Dt 1,1-5; 34,1). Noemi e Rute, portanto, fizeram um percurso que evocava a entrada na Terra Prometida por Josué, passando por Jericó (cf. Js 1,2).

Mara,[ac] porque o Todo-Poderoso foi muito amargo para mim![ad] [21] Eu parti plena, mas o Senhor me fez retornar de mãos vazias. Por que me chamaríeis Noemi, uma vez que o Senhor se manifestou contra mim e o Todo-Poderoso me mandou a desventura?"[ae] [22] Noemi retornou e Rute, a moabita, sua nora, com ela, aquela que retornou dos campos de Moab. Elas entraram em Belém no início da colheita da cevada.[af]

Ex 15,23

Jó 22,9

2Sm 21,9

v. 19: O narrador teve pressa e, logo, fez Noemi e Rute atingirem o objetivo desejado: chegar a Belém. O narrador revelou, também, uma surpreendente recepção: toda a cidade entrou em alvoroço, porque viu chegarem duas mulheres peregrinas e sozinhas, isto é, desacompanhadas da figura masculina. As mulheres de Belém fizeram um comentário típico de quem, havia muito tempo, não via uma pessoa conhecida. A pergunta, *Esta é Noemi?*, permite ao ouvinte-leitor tirar as consequências sobre os anos que Noemi passou fora de Belém. Ela foi mudada pelo tempo e, principalmente, pelos duros fatos que ocorreram em sua vida.

vv. 20-21: Noemi tomou a palavra e atestou o seu grande sofrimento diante das mulheres. Ela não aceitou mais ser chamada pelo seu próprio nome, mas por sua dura condição de vida. Noemi, atribuindo ao Senhor a sua amargura, fez uma ligação com a incapacidade

---

[ac] O termo מָרָא causa estranheza, era de se esperar מַר ou מָרָה. O significado pode ser um substantivo, amargura, ou um adjetivo, amarga. O termo evoca as águas amargas do deserto (cf. Ex 15,23).

[ad] Nos lábios de Noemi, não encontramos uma profissão de fé em Deus, mas uma forte lamentação. Onipotente ou Todo-Poderoso é a tradução de שַׁדַּי, que é um título divino muito comum no livro do Gênesis. Na primeira citação desse termo, Deus apresentou-se a Abraão dizendo: *Eu sou El Shadday, caminha na minha presença e sê íntegro* (Gn 17,1).

[ae] A fala de Noemi lembra muito as palavras de Jó diante do seu sofrimento (cf. Jó 1,21). Na ideia bíblica do Antigo Testamento, Deus é o responsável pelo que de bom ou pelo que de mau acontece na vida dos homens. Todavia, pode-se questionar: estaria o autor dando a entender que a ida de Elimelec e sua família para os campos de Moab foi visto como um gesto de desconfiança no Senhor?

[af] A cevada valia a metade do preço do trigo (cf. 2Rs 7,1.16.18) e, segundo Ap 6,6, a cevada, no período da grande tribulação, será vendida por um terço do valor do trigo.

de gerar uma nova prole. Nm 5,11-31 prescreve um ritual a ser aplicado a uma mulher suspeita de ter cometido um adultério. As águas amargas serviriam para inocentar ou condenar tal mulher. Noemi não é adúltera, mas está sendo tratada com amargura pelo Senhor. O fato de Noemi regressar acompanhada de uma moabita, que foi rapidamente revelada como sendo a sua nora, e de ter assumido uma dura pena, imposta pelo Senhor, amenizou o juízo que as mulheres da cidade poderiam emitir sobre o seu regresso com uma estrangeira.

v. 22: Por que repetir uma informação de que o ouvinte-leitor já é sabedor? Na verdade, fez-se necessário introduzir uma notícia importante para que ele percebesse a direção que a trama narrativa tomaria no restante do livro. Noemi e Rute chegaram a Belém, no início da colheita da cevada, entre os meses de abril e maio. A cevada era cultivada na região, durante as chuvas do outono, um breve espaço de tempo entre setembro e outubro, e seus grãos amadureciam um mês antes do trigo. O pão de cevada era o pão dos menos favorecidos.[ag] Em Ex 9,31-32 está a primeira referência à cevada, que foi destruída porque já estava na espiga, enquanto o trigo nada sofrera por não estar na sua estação própria.

O Senhor começa a mudar a sorte de Noemi através de Rute

2,[1] Para Noemi, porém, existia um parente do seu marido; um homem potente e valoroso da família de Elimelec. E o seu nome era Booz.[ah] [2] Disse Rute, a

1Cr 2,11-12

[ag] Nm 5,15 prescreve que o marido enciumado compareceria, diante do sacerdote, com uma oferenda de um décimo de medida de farinha de cevada. No livro do profeta Oseias fala-se do resgate de Gomer por um hômer e meio de cevada (cf. Os 3,2), isto é, o preço equivalente pago pelo resgate de um escravo (cf. Ex 21,32; Lv 27,4).

[ah] O capítulo abre-se com uma nova notícia, introduzindo uma nova personagem, Booz, que significa "potente". Booz é o nome dado à coluna esquerda de bronze do vestíbulo que dava acesso ao templo, encomendado pelo rei Salomão a Hiran de Tiro, em honra do Senhor, significando que esse templo possui solidez e força (cf. 1Rs 7,21; 2Cr 3,17). O Primeiro livro dos Reis não menciona Booz como aparece em 1Cr 2,11-12.

COMENTÁRIO BÍBLICO PAULINAS ■ RUTE

Lv 19,9-10; 23,22;
Dt 24,19-22

moabita, para Noemi: "Desejo andar, por favor, a um campo, e que eu possa recolher as espigas atrás daquele que eu encontrar graça aos seus olhos."[ai] Ela respondeu-lhe: "Anda, minha filha."[aj] [3] Então, ela andou, entrou e recolheu no campo
atrás dos ceifadores; e encontrou-se, por sorte, na parte do campo de Booz, que
era da família de Elimelec.[ak] [4] E eis que Booz veio de Belém e disse aos ceifadores:
"O Senhor esteja convosco!" E eles responderam-lhe: "O Senhor te abençoe!"[al] [5]
Booz disse para o seu jovem,[am] estabelecido sobre os ceifadores: "De quem é esta
jovem?" [6] Respondeu o jovem, que foi estabelecido sobre os ceifadores, e disse:
"É uma jovem moabita, que retornou com Noemi dos campos de Moab. [7] E ela
disse: 'Eu desejo recolher, por favor, e juntarei entre os feixes atrás dos ceifadores'.
Ela veio e está de pé desde a manhã até agora; um pouco se sentou na casa."[an]

v. 1: Booz foi introduzido e apresentado pelo narrador como um
parente próximo do falecido Elimelec, marido de Noemi. Dois adjetivos qualificam Booz: potente e valoroso. Destes dois adjetivos,
depreende-se o sentido atribuído ao seu nome. Entra em cena um
homem digno. Os acontecimentos narrados revelam elementos

[ai] O olhar favorável de alguém sobre Rute e às suas necessidades seria uma prova
da benevolência do Deus de Noemi, que Rute assumiu e confessou como sendo
seu próprio Deus. O cuidado com as viúvas, os órfãos e os estrangeiros é uma
característica do Deus de Israel (cf. Sl 68,6).

[aj] O consentimento de Noemi ratificou o desejo de Rute e renovou a bênção que
ela tinha proferido para as suas noras no campo de Moab (cf. Rt 1,8-9).

[ak] O narrador evidencia que o desejo de Rute começou a alcançar certo êxito, pois
ela, sem saber, entrou e foi recolher as espigas, exatamente, na parte do campo
que pertencia a Booz, que era um membro da família de Elimelec. Booz entra
em cena e protagoniza as ações em seu campo, enquanto Rute encontra-se
respigando no campo que lhe pertence. Para entender a trama narrativa, que
não somente prossegue, mas evolui, é preciso voltar atrás e recuperar a fala de
Noemi, no momento em que ela buscava convencer as suas noras a regressa-
rem para a casa materna (cf. Rt 1,11-13).

[al] A primeira fala de Booz retomou a informação que tinha sido dada em Rt 2,1.
Com isso, o ouvinte-leitor começa a conhecer Booz pela sua religiosidade.

[am] O termo נַעַר pode ser traduzido, também, por "servo" ou "criado". Todavia,
manter o termo "jovem" ajuda a perceber a força do contraste diante do conselho dado por Booz e Noemi para Rute (cf. Rt 2,8.22).

[an] O sentido dado pela Septuaginta, *não descansou no campo*, e pela Vulgata, *não
voltou para casa*, apontam para a dificuldade diante do hebraico, e indica uma
interpretação: Rute não se deu descanso.

sobre a índole de Booz. Ele é forte na sua fé e nas suas decisões. Ele é valoroso, porque mostrará prudência nas suas ações e nada fará sem obedecer e colocar em prática a Lei de Deus. A piedade de Booz, aqui introduzida, desponta e norteia a trama narrativa até o desfecho do seu matrimônio com Rute.

v. 2: Após as breves notas sobre Booz, que servem de introdução e ambientação para a nova cena, o narrador mostra Rute tomando uma iniciativa pessoal e consciente. Até então, Noemi era quem tomava a palavra e as decisões. Noemi, agora, apareceu passiva e Rute assumiu a liderança. O pedido de Rute a Noemi foi feito, com respeito, e corresponde, em grande parte, à bênção que Noemi tinha proferido sobre as suas noras quando ainda estava nos campos de Moab (cf. Rt 1,9). Rute desejou ir a um campo para recolher atrás dos ceifadores, mas não só; ela desejou alcançar uma graça particular: ela queria ser vista com bons olhos por alguém. O ouvinte-leitor já sabe, antecipadamente, que este alguém é Booz (v. 1). Rute foi buscar a realização da bênção que Noemi havia desejado para ela e Orfa. Esta bênção, uma vez alcançada, seria favorável para ela e para Noemi. Por este pedido de Rute, teve início uma nova etapa na sua vida como estrangeira em Belém e na vida de sua sogra.

v. 3: Rute não saiu somente para encontrar os grãos necessários para fazer pão e assim não morrer de fome junto com sua sogra. Ela foi em busca de alguém digno que pudesse dar a atenção devida a uma estrangeira. A condição era que ele lhe fosse favorável e a respeitasse. Rute quis ser olhada com benevolência na sua necessidade imediata, a fome, mas também na sua necessidade de mulher: ela precisava ser olhada como uma mulher livre para contrair matrimônio, visto que era viúva.

vv. 4-5: A introdução das ações de Booz, na narrativa, aconteceu através de dois diálogos que refletem o interesse de Booz pelos seus empregados e, em seguida, por Rute. No primeiro diálogo, Booz demonstrou-se um patrão religioso, pois a saudação evocava a presença do Senhor que concedeu uma colheita abundante em Belém. Isto justificou o regresso de Noemi. No segundo diálogo, Booz mostrou-se atento e habilidoso, pois ele percebeu que, no seu campo, havia uma mulher diferente e que, logo ao entrar, chamou a sua atenção. A pergunta que fez ao encarregado do seu campo foi curta e direta: *A quem pertence esta jovem?*. Tal preocupação, num primeiro momento, pode parecer sem sentido, mas revela a postura de Booz quanto ao último Mandamento: *não cobiçarás a mulher do teu próximo... nem sua escrava* (cf. Ex 20,17; Dt 5,21). Esta pergunta de Booz evocava a missão que Abraão atribuiu ao seu servo mais velho e encarregado dos seus bens. Ele deveria encontrar uma esposa digna para Isaac, desde que fosse do meio dos seus familiares. Tal pergunta foi dirigida a Rebeca (cf. Gn 24,1.12-27). O procedimento de Booz com Rute não foi diferente, pois Rute, sendo descendente de Ló, era, legalmente, parente de Booz.

vv. 6-7: A resposta do jovem encarregado revelou para Booz dados sobre Rute: a nacionalidade, o vínculo familiar com Noemi e o seu caráter pessoal entre os segadores. Rute, com o seu pedido, demonstrou-se necessitada, pois respigar atrás dos ceifadores era sinal de uma condição étnica e social: estrangeira, viúva e pobre. No caso de um estrangeiro, a lei mosaica exigia a prática do bem a seu favor, principalmente, por ocasião da festa das Primícias ou das Semanas (cf. Ex 23,16; Lv 19,9-10; 23,22). Rute, por sua parte, correspondeu ao seu pedido, pois ela empenhou-se arduamente na tarefa, sem dar-se descanso. Ao mesmo tempo revelou as qualidades que poderiam beneficiá-la, encontrando, talvez, alguém que lhe desse trabalho remunerado. Essa primeira ação de Rute, nos campos de Booz, mostrou o seu valor como mulher frente às mulheres de Belém. De igual maneira, pode-se dizer que as ações de Elimelec e de sua família tinham demonstrado o seu valor nos campos de Moab, pois lá permaneceram por um longo período e seus filhos encontraram esposas dignas. Este valor estaria na base das decisões que Rute tomou ao optar por seguir e permanecer com Noemi.

Booz fala com Rute e a trata com benevolência

2,[8]Então, Booz disse para Rute: "Escuta, minha filha, não vás respigar em outro campo e não ultrapasses deste ponto.[ao] Assim, estarás aderindo às minhas jovens. [9] Que os teus olhos estejam postos sobre o campo que eles ceifam e andarás atrás deles. Acaso não ordenei aos meus jovens de não te tocarem?[ap] Se tiverdes sede, irás aos vasos e beberás do que tirarem os jovens". [10] Então, ela caiu com o seu rosto e prostrou-se por terra e lhe disse: "Por que encontrei graça aos teus olhos, ao guardar-me com benevolência, não obstante eu seja uma estrangeira?" [11] Booz respondeu e disse-lhe: "Foi-me narrado, detalhadamente, tudo aquilo que fizeste à tua sogra, depois da morte de teu marido: tu deixaste teu pai e tua mãe, bem como a pátria da tua parentela, e vieste a um povo que antes tu não conhecias. [12] Que o Senhor recompense a tua obra e que tua paga seja plena pelo Senhor, Deus de Israel, debaixo do qual vieste buscar abrigo".[aq] [13] Então, ela disse: "Que eu possa encontrar graça aos teus olhos, meu senhor, porque tu me consolaste e porque falaste ao coração da tua criada, sem que eu fosse como uma das tuas criadas".

Gn 18,2; 19,1;
1Sm 25,41

Dt 32,11;
Sl 91,4

vv. 8-9: Neste diálogo, Booz dirigiu a palavra a Rute, revelando, pessoalmente, o seu interesse pelo bem-estar da jovem moabita. No fundo, o narrador está revelando o desejo de Booz por Rute. Ele agiu com justiça e não quis perder Rute de vista. Booz, colocando Rute entre as suas jovens, estava procurando um lugar seguro para ela, evitando os possíveis ataques dos criados sobre as criadas, principalmente a violência sobre as estrangeiras. Nas atitudes de Booz, se concretizaram os favores divinos pelos menos favorecidos.

[ao] תַעֲבוּרִי é uma forma estranha e ocorre somente nesta passagem em toda a Bíblia Hebraica. Era de se esperar תַעֲבְרִי ou תַעֲבְרִי, um jussivo, graças à partícula negativa, expressando um desejo de Booz, no qual quer induzir Rute a permanecer respigando na parte do seu campo: *não ultrapasses deste ponto*. A raiz עבר dá origem ao termo hebreu (cf. Gn 10,21.24-25; 11,14-17; Ex 2,6), e significa "passar", "atravessar" e "fecundar". Estes significados revelam o interesse imediato de Booz por Rute: ele a quer em seu campo.

[ap] O verbo נָגַע significa "golpear violentamente", "fazer injúria" ou "fazer violência sexual" (cf. Gn 26,29; 6,29).

[aq] Literalmente, *debaixo das suas asas.*

Todas as atitudes tomadas por Booz fizeram dele um autêntico juiz e favoreceram Rute: chamou-a de *minha filha*, como Noemi em várias ocasiões, o que pode denotar que Booz seria bem mais velho do que Rute; induziu Rute a permanecer no seu campo; colocou Rute junto às suas criadas. Em tudo, Booz dispôs de um plano para beneficiar Rute. Por isso, mostrou-se benévolo diante do cansaço de Rute, não só colocando água à sua disposição, mas deu-lhe o direito de ir e se servir, diretamente, dos jarros d'água. Além disso, estes versículos apresentam um jogo de contrastes com o termo *jovem*. Rute devia ficar com as jovens, enquanto os jovens deveriam beneficiá-la em obediência às ordens dadas por Booz.

v. 10: O gesto que Rute realizou – prostrar-se com a face por terra – era reservado aos deuses, ao rei, ou a um superior (cf. Gn 17,3.17; 18,2; Ex 3,5-6; 1Sm 25,23). Este gesto, porém, no caso de Rute, foi um sinal de respeito e de profundo agradecimento pela benevolência recebida de Booz. A narrativa, de agora em diante, seguirá em uma direção favorável, pois Booz não se demonstrou indiferente às virtudes da jovem moabita. Rute percebeu que entrou no campo certo e que encontrou uma graça especial em Booz. Ele, além de permitir que ela respigasse no seu campo, colocou-a entre as jovens respigadoras e consentiu o livre acesso ao precioso dom da água reservada aos seus criados. Booz, com isso, não tratou Rute como uma estrangeira, mas antecipou gestos tidos como próprios de quem estava tratando uma familiar. O desejo de respigar, que Rute expressou a Noemi, foi além das suas expectativas (cf. Rt 2,2). A bondade e o interesse de Booz foram evidenciados. Ele admirou Rute a partir do que lhe foi dito a seu respeito. Booz percebeu que estava diante de uma mulher de grande valor. Note-se a forma como ele louvou as atitudes de Rute por Noemi, e pelo seu falecido marido e o desprendimento dos próprios pais, aceitando ficar com Noemi. Booz, ao louvar Rute, valorizou a sua situação como viúva e, enquanto tal, livre para contrair um novo matrimônio. De fato, Booz já tinha preservado Rute ao proibir os seus jovens de molestá--la (cf. Rt 2,9).

TEXTO, PARALELOS, NOTAS E COMENTÁRIOS

vv. 11-12: Booz disse a Rute palavras de admiração, que exaltavam as atitudes de uma jovem que deixou pai, mãe e o próprio povo, para seguir e ficar com a sua sogra. Rute fez dos interesses de Noemi os seus próprios interesses. Enfim, Booz dirigiu a Rute uma bênção, que relembrava e expressava, por um lado, o desejo de Noemi ao se despedir das suas noras (cf. Rt 1,8-9), mas, por outro lado, revelava o seu interesse pessoal por Rute. A recompensa e o salário aludem ao tema da descendência. Em outras palavras, Booz estava dizendo: que o teu campo (ventre) seja fértil. O desejo de Booz para Rute, em forma de bênção, foi expresso em nome do Deus de Israel. Debaixo da proteção e do amparo do Senhor, o Deus ao qual Rute decidiu seguir, ficando ao lado de Noemi, ela encontraria o consolo e o conforto para a sua condição pouco favorável. A acolhida do estrangeiro significava obediência à vontade de Deus. Neste sentido, Booz colocou, devidamente, em prática a lei mosaica.

v. 13: Diante da bondade experimentada, Rute adquiriu a coragem para expressar não só a sua gratidão, mas manifestou o desejo de corresponder ao gesto favorável obtido de Booz. Rute não temeu revelar a aflição que invadia o seu coração, reconheceu e aceitou ser, diante dele, uma dependente. No fundo, porém, ela percebeu que Booz não estava tratando-a como estrangeira, ou como uma simples criada, mas com grande benevolência e afeição. Esse reconhecimento de Rute alargou, mais ainda, os favores e as atenções de Booz no tocante a ela.

Booz manifesta novos gestos de atenção a favor de Rute

2,[14] Depois, no momento da refeição,[ar] Booz lhe disse: "Aproxima-te, comerás pão e molharás a tua porção na bebida fermentada". Ela assentou-se próxima dos ceifadores e ele ofereceu-lhe grãos tostados. Ela comeu e saciou-se, mas

Nm 6,3

[ar] Booz, informado sobre Rute, ouviu que ela não se dera descanso ao longo do dia. Por isso, preocupado, ele assegurou que Rute não sentisse sede. A alusão ao momento da refeição leva o ouvinte-leitor a perceber que o tempo estava transcorrendo e as etapas de um dia de trabalho, na colheita da cevada, apareceram devidamente marcadas, pois era prevista a refeição dos trabalhadores.

reservou um pouco.[as] [15] Depois, ela se levantou para continuar a respigar. Então, Booz ordenou aos seus jovens dizendo: "Também entre os feixes ela poderá respigar e vós não a maltratareis. [16] Além disso, também deixareis cair algumas espigas dos molhos, deixareis, e ela as recolherá e vós não a recriminareis." [17] E ela respigou no campo até o poente; depois, bateu o que tinha recolhido, e alcançou, aproximadamente, uns quarenta e cinco litros de cevada.[at]

v. 14: A primeira etapa da jornada conclui-se com uma breve pausa para fazer refeição. Booz se adiantou e, novamente, demonstrou possuir gestos de afeição e um terno interesse por Rute. Ele a convidou a se aproximar, a tomar pão e a molhá-lo na bebida levedada. Este gesto evocava as prescrições que acompanhavam o ritual da Páscoa hebraica (cf. Ex 12,15), bem como as regras sobre o consagrado ao Senhor (cf. Nm 6,3). Rute, porém, preferiu sentar-se junto aos ceifadores, mas Booz lhe veio ao encontro trazendo-lhe os grãos tostados. A preferência por ficar entre os ceifadores não é uma atitude indevida para uma estrangeira e menos ainda para uma jovem viúva. De fato, quando ela transmitiu as palavras de Booz para Noemi, falou que o homem lhe dissera para estar entre os seus jovens (cf. Rt 2,21), quando na realidade Booz tinha dito para que ela ficasse junto às suas jovens (cf. Rt 2,8). Um interessante jogo de alusões e ambiguidades. Booz, oferecendo, pessoalmente, grãos tostados para Rute, mostrou o seu interesse por ela diante de todos. Os servos, vendo isso, tomariam o gesto do dono da colheita como um sinal ou aviso. Booz já tinha procurado preservar Rute de encontros perigosos durante a colheita. A ordem dada em

---

[as] O narrador informa, outrossim, que Rute não comeu tudo o que recebeu, mas reservou uma parte. Mais à frente, o ouvinte-leitor saberá que ela tomou esta atitude porque estava pensando em Noemi. Guardando algo tão especial para a sua sogra, deu-lhe as condições para interpretar, corretamente, o interesse de Booz por Rute.

[at] O versículo afirma que Rute conseguiu recolher um *Efá* de cevada. Esta era uma medida antiga para sólidos e correspondia, aproximadamente, a quarenta e cinco litros.

Rt 2,9 buscava assegurar que Rute estivesse devidamente protegida contra os criados molestadores.

vv. 15-16: Booz teria percebido as intenções de Rute, pois viu que ela se sentou junto aos ceifadores. Esta percepção justificaria a tomada de decisão de Booz junto a Rute e junto aos ceifadores, que permitiram a sua entrada no campo. Ele, demonstrando o seu pessoal interesse em beneficiá-la, estaria dando a entender aos seus ceifadores as suas reais intenções por ela. Tudo fica muito claro com a última ordem: *não a maltratareis... não a recriminareis*. Além disso, Booz assumiu uma atitude que superou o exigido pela lei mosaica, pois não somente a deixou respigar, mas ordenou que os seus ceifadores, propositalmente, deixassem cair os feixes para que ela os recolhesse. A ordem de Booz foi, literalmente, acatada, pois Rute chegou ao final do dia com uma grande quantidade de grãos respigados.

v. 17: Rute completou uma jornada inteira de trabalho no campo de Booz. Ela demonstrou a sua boa disposição, como estrangeira em Belém, e não perdeu a grande oportunidade e as graças concedidas pelo seu ilustre benfeitor. Este sucesso no campo confirma o valor de Rute como mulher e justifica os elogios que Booz lhe dirigiu. Além de recolher uma grande quantidade de grãos, procurou se livrar do inútil, pois, batendo os feixes, voltou para casa carregando somente os grãos de cevada.

O segundo capítulo do livro apresenta a bondade de Booz como reflexo da bondade do Deus de Israel em relação aos estrangeiros. Neste sentido, o livro vai além das parcas notícias sobre a permanência de Elimelec e sua família nos campos de Moab.

Rute regressa farta de grãos para casa

2,[18] Ela pegou o que juntou e entrou na cidade; e sua sogra viu o que ela tinha recolhido. Então, tirou fora o pouco que guardara, depois que tinha se saciado, e o deu para ela. [19] A sua sogra lhe perguntou: "Onde recolheste, hoje, e em que lugar foste trabalhar? Aquele que te olhou com benevolência seja abençoado". E ela narrou para a sua sogra com quem trabalhara e disse: "O nome do homem com quem trabalhei hoje é Booz". [20] Noemi replicou para a sua nora: "Bendito ele seja diante do Senhor, que não abandonou a sua misericórdia pelos vivos e pelos mortos." E lhe disse, ainda, Noemi: "Esse homem é um parente próximo para nós, ele é um dos nossos resgatadores".[au] [21] Rute, a moabita, disse: "Ele também me disse: 'Estarás com os meus servos até que eles terminem toda a colheita que me pertence'."[av] [22] Noemi respondeu para Rute, sua nora: "Minha filha é bom que tu saias com as suas criadas e, assim, não te agredirão em outro campo.[aw] [23] Então, ela aderiu às criadas de Booz para respigar até finalizar a colheita da cevada e a colheita dos grãos. E habitou com a sua sogra.[ax]

[au] O גֹּאֵל, resgatador, segundo as tradições do Antigo Testamento, era uma figura importante dentro das tribos, clãs e famílias. O seu papel insere-se no contexto da vida jurídica, social e religiosa, pois tem a ver com a redenção realizada e própria de Deus. O גֹּאֵל era um libertador de um parente frente a uma desgraça. Abraão aparece como o resgatador do seu sobrinho Ló (cf. Gn 14,12-16). Em Lv 25,48-49, o גֹּאֵל é um parente próximo – um irmão, um tio, um primo ou qualquer consanguíneo – que possui o dever de defender o parente que perdeu os seus direitos. Sobressai, na figura do גֹּאֵל, a solidariedade familiar que busca salvaguardar os membros, os seus bens e as suas propriedades, não permitindo que nada seja alienado ou passe para as mãos de outras pessoas.

[av] Esta mudança do masculino para o feminino, os ceifadores ao invés das ceifadoras, nas palavras de Rute, poderia ser um sinal de que, na altura dos acontecimentos, aos olhos dela, Booz, que ainda não era conhecido como parente próximo, começou a representar um possível interessado, mas também qualquer um dos outros ceifadores, ou que assim ela tivesse desejado expressar para Noemi.

[aw] Noemi insistiu que Rute permanecesse no campo de Booz, pois este, desde o início, demonstrou ter uma atenção particular por ela. Parece que, apesar de Rute ser estrangeira, Booz a considerou como membro da família. Tal parecer procede pelo conhecimento que Booz demonstrou ter de Rute ao lembrar a sua determinação. Ao deixar a própria pátria e ao decidir ficar com Noemi, Rute enraizou, ainda mais, os vínculos familiares. Tal feito deu credibilidade para Rute junto a Booz. A bondade de Rute por sua sogra mereceu o justo reconhecimento através da recompensa realizada por Booz.

[ax] O término do versículo pode parecer desnecessário, mas serve para reafirmar a palavra de Rute dada a Noemi, no momento em que decidiu ficar com a sua sogra. Rute, apesar de ter tido sucesso no seu primeiro dia no campo de Booz, manteve o seu vínculo com Noemi, não encontrou razões para desligar-se da sua sogra, mesmo ouvindo um conselho que pudesse contrariar os seus planos pessoais. O verbo "habitar" indica que Rute está aceitando partilhar com Noemi todas as situações e expectativas. O mesmo verbo evocava a permanência de Elimelec e sua família nos campos de Moab (cf. Rt 1,2.4).

vv. 18-19: Rute, após o dia de trabalho, entrou na cidade e retornou para junto da sua sogra, cumpriu com a palavra dada e, ao guardar um pouco do alimento recebido, manifestava interesse fraterno e solidário por Noemi. Foi um gesto revelador de sensibilidade e de profundo amor por sua sogra.[ay] Noemi, porém, pareceu não dar atenção ao gesto, mas, estupefata, percebeu a condição favorável que Rute encontrou entre os habitantes da sua região. Ela demonstrou-se profundamente religiosa e, imediatamente, proclamou a justa paga que uma viúva poderia oferecer pela bondade recebida: abençoar o benfeitor generoso que permitiu a uma estrangeira recolher, em seu campo, tamanha quantidade de grãos. Rute fez um breve relatório, dando as informações necessárias para Noemi. As duas partilharam o feito, mas a ênfase recaiu sobre o nome do proprietário do campo onde ela trabalhara: Booz.

vv. 20-21: Ao saber o nome desse benfeitor, Noemi, incluindo Rute em seu destino, revelou quem, de fato, era Booz, e o que ele representava para as duas: um dos possíveis resgatadores. Uma nova bênção foi proferida a favor de Booz, lembrando que o Senhor não abandona os vivos (ela e Rute), nem os mortos (seu marido e filhos). Uma atitude bem diferente da que teve diante das mulheres de Belém. Noemi, com a sua fala e a bênção proferida, deixou claro para Rute que ela encontrou uma chance de contrair matrimônio. Rute manifestou inclusive que a benevolência de Booz foi além do momento necessário, pois expressou o desejo de que ela ficasse, no seu campo, até o fim da colheita, junto aos seus ceifadores. Este equívoco revela o interesse pessoal de Rute, pois ela percebeu que,

---

[ay] No livro de Rute não existe nenhuma referência à casa de Noemi ou ao local onde ela e Rute teriam se instalado. Ter uma casa em uma cidade não significava, simplesmente, possuir um local onde morar, mas ter uma situação que possibilitasse consolo, segurança e o mínimo para a sobrevivência. A falta de referência sobre a casa ou o local onde Noemi e Rute estivessem instaladas não seria despropositada, mas aumentaria a necessidade dessas duas mulheres. Todavia, o conselho dado a Rute, de lavar-se e se perfumar, abriu espaço para a aceitação de que as duas estavam num local familiar.

neste campo, poderia encontrar um futuro pretendente. O que Rute acrescenta, como sendo palavras de Booz, parece não condizer com o que ele tinha lhe dito: *Assim, estarás aderindo às minhas jovens* (Rt 2,8). Todavia, a continuação da fala de Booz pode ter sido interpretada por Rute da maneira como ela narrou para Noemi. De fato, Booz disse a Rute que ela deveria seguir atrás dos ceifadores e não atrás das criadas. Rute já era sabedora de que estava debaixo da proteção de Booz frente aos seus ceifadores, inclusive protegida contra os ataques e as grosserias (cf. Rt 2,9).

v. 22: Após ouvir Rute, Noemi lhe deu o conselho para que ela ficasse entre as criadas e não entre os jovens ceifadores. Noemi e Booz sabem que os abusos sexuais contra as jovens respigadoras, particularmente as pobres, as indefesas, as viúvas e as estrangeiras podiam acontecer. Nisto se vê o interesse de Booz e de Noemi pela índole de Rute. O desejo pelo seu bem-estar tem a ver com a preservação da idoneidade da família e com o colocar-se debaixo da proteção do Senhor, Deus de Israel.

v. 23: Esta última informação, dada pelo narrador, revela que Rute acatou o conselho de Noemi: ficar na companhia das criadas e não dos ceifadores, e permanecer no campo de Booz até o fim da colheita da cevada e dos grãos. A referência à colheita dos grãos leva a pensar que Rute estava sendo convidada a ficar, também, no campo de Booz para a colheita do trigo, que aconteceria logo após a colheita da cevada. A isto, o narrador acrescenta uma nota: Rute continua com Noemi. Ela manteve a palavra dada para a sua sogra, conforme a decisão tomada ainda nos campos de Moab (cf. Rt 1,16-18). A sorte dessas duas mulheres continua sendo partilhada em todos os seus detalhes e circunstâncias. A interação e o mútuo interesse de uma pela outra criam uma atmosfera de solidariedade em todos os sentidos.

Noemi pensa e age em função do bem-estar de Rute

3,[1]Então, Noemi, sua sogra, disse-lhe:[az] "Minha filha, acaso eu não devo procurar para ti um repouso que seja bom para ti? [2] Pois bem, não é Booz nosso parente, com quem foste com as suas criadas? Eis que ele, esta noite, estará separando a cevada na eira.[ba] [3] Lavar-te-ás, te ungirás com perfume, porás o manto sobre ti e descerás para a eira; não te farás notar ao homem, até que ele tenha terminado de comer e beber. [4] Então, quando ele se deitar, tu conhecerás o lugar dele; aí, sim, irás e descobrirás o lugar próximo aos pés dele e ali te deitarás; ele te narrará o que deverás fazer." [5] Respondeu-lhe: "Tudo isso que disseste para mim, eu farei."

Dt 28,65

Is 28,27; 30,24

Ez 16,9; Jt 10,3

vv. 1-2: A partir do momento em que decidiu acompanhar sua sogra e assumir a identidade do seu povo e do seu Deus, Rute, no fundo, estava dizendo que a casa de Noemi seria a sua *casa materna*. Com base nisso, pode-se compreender o porquê do interesse de Noemi, demonstrando ter um particular querer pelo bem-estar de Rute. Cabe-lhe, não mais como sogra, mas como "sua mãe", encontrar um pretendente à altura de uma "filha" tão especial e agraciada.

[az] Este novo momento, na vida de Noemi e de Rute, deve ter acontecido após certo tempo. Isso porque Rt 2,23 introduziu, no texto, um aspecto temporal: *até terminar a colheita da cevada e a colheita dos grãos*. Tal fato não permite pensar, a princípio, que o novo diálogo entre Noemi e Rute, sobre o que esta teria que fazer, deva ser lido como um acontecimento imediato ao que fora dito em Rt 2,22. A nova fala de Noemi aconteceu apoiada no que ela presenciou com os próprios olhos: Rute regressou para casa, no seu primeiro dia de pobre respigadora e estrangeira em Belém, com uma grande quantidade de grãos e este benefício aconteceu graças à atenção favorável que Rute recebeu de Booz.

[ba] Um elemento novo aparece na narrativa, de acordo com a fala de Noemi; percebe-se que ela se sente no dever de procurar para Rute um lugar de repouso que seja bom. Compreende-se melhor esta fala lembrando o augúrio que Noemi proferiu para as suas noras, no ato da despedida (cf. Rt 1,8-9). Noemi estava decidida a regressar para Belém, mas antes era necessário "despedir" as duas noras, isto é, devolvê-las para o seu povo e para a casa materna. Esta despedida apareceu revestida de uma bênção que Noemi invocou sobre as duas noras. O conteúdo desta bênção revelava o desejo de estabilidade: casa materna e situação estável na casa de um marido. Esta bênção começou a acontecer na vida de Rute já no seu primeiro dia em Belém. O novo interesse de Noemi por Rute é uma preocupação, também, com o futuro da jovem moabita.

A iniciativa para um matrimônio cabia aos pais e não aos filhos (Gn 24,3-4; 28,1-2; Jz 14,2-3). No fundo, a felicidade de Noemi passou a ser decidida pela felicidade de Rute.

O *repouso que seja bom* para Rute coincide com a escolha de um homem que possa ser um digno marido para ela, isto é, de um homem que possa dar a Rute casa e filhos, em forma de retribuição, por todo o bem que ela soube dar a Noemi e ao seu filho Maalon.

Deve-se descartar um mero plano estratégico. Noemi não pretendeu conseguir, simplesmente, uma descendência para os seus mortos, marido e filhos, mas pretendeu que Rute fosse uma mulher realmente feliz. Do momento em que Noemi aceitou o desejo de Rute, que quis se ligar a ela, o destino dessas duas viúvas passou a ser determinado pela solidariedade: o bem-estar de uma depende e determina o bem-estar da outra e vice-versa.

Noemi não estava se servindo de Rute para obter seus fins através da lei do levirato, pois esta lei não deveria, em hipótese alguma, ser aplicada a Rute, mas talvez à própria Noemi, caso não tivesse tido filhos com Elimelec e caso Booz fosse seu cunhado, algo que não procede no texto. Booz é um parente próximo de Elimelec, que tem direito, ao que tudo indica, de resgatar a propriedade, provavelmente penhorada, ou se viu no dever de socorrer, em nome do Senhor, seu Deus, os membros de sua família em necessidade: Noemi e Rute.

vv. 3-4: Por tudo o que já foi dito e percebido a respeito de Booz e, em particular, pelo interesse que ele demonstrou ter por Rute, Noemi teve condições de elaborar um audacioso plano, a fim de que o melhor acontecesse para aquela que foi denominada de "minha filha". Noemi percebeu a grandeza da graça praticada por Booz, que, mesmo sem ter se declarado formalmente para Rute, já estava agindo como resgatador dessas duas mulheres necessitadas.

Noemi considerou Booz um bom partido para Rute, um homem digno. Ele, desde o início, não fez distinção entre Rute e as suas criadas, não considerou Rute uma estrangeira, não tirou proveito disso e não permitiu que alguém o fizesse, mas olhou Rute com olhos de ternura e para além dos desejos humanos. Pode-se pensar que Booz, pelo testemunho que deram a respeito de Rute, soube que ela era uma mulher de valor e muito virtuosa. A princípio, que patrão não gostaria de ter uma serva como Rute ou que homem não gostaria de encontrar uma mulher com tais qualidades? Não são somente as mulheres que buscam um bom partido como marido. Os homens também buscam mulheres que sejam um bom partido para eles. Homens como Booz devem ser descobertos por mulheres como Rute, e mulheres como Rute devem ser descobertas por homens como Booz.

Noemi, que regressara abatida e desolada para Belém, responsabilizando o Todo-Poderoso pelo que de mal estava vivendo, passou a ter motivos para acreditar numa real mudança de sua condição. Diante das mulheres da cidade, que a reconheceram, Noemi mudou, inclusive, o seu nome para *Mara*. Todavia, diante do que ela viu com seus próprios olhos, ao regresso de Rute, percebeu que estava surgindo uma esperança. A chance de um futuro concedeu nova força para Noemi lutar pela vida de Rute e pela sua própria vida. Noemi, para tornar o futuro uma realidade, pensou e coordenou um plano audacioso.

Noemi instruiu e determinou os passos que Rute deveria dar para conseguir o melhor para sua vida: lavar-se, ungir-se, vestir um manto capaz de cobrir o seu rosto, isto é, produzir-se, fazer-se bela para causar uma boa impressão. A noite e o manto não deixariam que Rute fosse vista em toda a sua beleza, mas o perfume exalado indicaria a presença de Rute com a sua beleza. É possível pensar que estas três ações simbolizassem a preparação nupcial, antes que a noiva fosse conduzida à tenda do seu futuro marido. Com essas três ações, Noemi levou Rute a uma ação reveladora: deixar o luto por Maalon para seduzir um homem digno de ser seu marido.

Noemi, com seu plano e conselhos, percebeu a oportunidade de retribuir a Rute todo o bem que dela tinha recebido. Há uma reciprocidade e uma cumplicidade de Noemi a favor de Rute. A bênção de Deus, desejada por Noemi para as suas noras, estava, nesse momento, tornando-se uma real possibilidade na vida de Rute, que a ela se apegou como uma autêntica filha.

Noemi propôs para Rute um plano que favoreceu um encontro noturno entre a viúva jovem e o maduro Booz. Deste encontro se desencadeou não somente o futuro dessas duas mulheres, mas o futuro de uma nação inteira. Da concretização do casamento entre Rute e Booz produziu-se um fruto, Obed, que foi o avô do rei Davi.

O conhecimento que Noemi demonstrou ter dos passos de Booz tem a ver com o fato de que ele se interessava, pessoalmente, pela colheita do seu campo, mas, principalmente, pelo fato de ele ter notado a presença de Rute no seu campo e pelo modo como ele se comportou diante dela. Ele demonstrou-se atencioso, generoso e disposto a sustentar Rute durante todo o período da colheita da cevada e dos grãos. Na verdade, o texto pretende mostrar que Booz olhou Rute com a misericórdia do Deus de Israel. Na ação de Booz, Rute experimentou a bondade do Senhor, Deus de Israel, e descobriu o sentido que levou Noemi a tomar a decisão de voltar para Belém: o Senhor visitou o seu povo para dar-lhes pão (cf. Rt 1,6).

Outras ações deviam ser executadas, cuidadosamente, por Rute: descer à eira, não se revelar enquanto o momento não fosse oportuno, descobrir o local em que Booz iria se deitar, descobrir os seus pés, deitar-se aos pés dele e ouvir o que ele tinha a lhe dizer.

A ação insólita, descobrir os pés e deitar-se próxima, fazendo-se sentir por Booz, não deveria aflorar na mente do ouvinte-leitor como uma cena de total sedução, mas o gesto poderia ter um significado bem simples: Rute, com seu gesto, estaria dando a entender a Booz que estava disposta a submeter-se à sua autoridade, à sua sabedoria e ao seu direito como resgatador. O matrimônio pretendido por Rute ficaria a juízo de Booz. Por isso, Noemi disse a Rute

TEXTO, PARALELOS, NOTAS E COMENTÁRIOS

que Booz narraria o que ela deveria saber e fazer. Tudo isso, porém, não isentou Rute de estar assumindo uma atitude sedutora. Ela buscou demonstrar, com seus gestos, que fez uma opção pessoal por Booz e não pelos ceifadores mais jovens, pobres ou ricos. Booz, com isso, sentiu-se valorizado e recompensado por sua bondade.

v. 5: Noemi, mais uma vez, demonstrou ser uma mulher intrépida e o seu plano audacioso. Rute, acolhendo o plano da sogra, percebeu que valia a pena correr o risco de ser ousada. Ela sabia que podia contar com a astúcia da sua sogra e que deveria seguir a sua experiência. Noemi conhecia os passos que Booz daria naquela noite: 1º) espalhar a cevada; 2º) comer e beber antes de dormir; 3º) e, quando descobrir Rute aos seus pés, ele narraria o que ela deveria saber e fazer.

Diante de tamanha perspicácia de Noemi, a atitude de Rute causa uma forte impressão: *Respondeu-lhe: tudo isso que disseste para mim, eu farei.* A resposta de Rute faz recordar a opção que ela fez por Noemi, quando decidiu regressar com ela para Belém. Rute não recuou mais uma vez e acreditou que Noemi sabia conduzir as coisas e tinha a melhor orientação para a sua vida. O plano começou a dar certo porque Rute se dispôs a executá-lo, exatamente, como foi orientado por Noemi. Foi uma atitude de obediência. Rute facilitou o plano de Noemi, como Micol facilitou o plano de Saul por estar apaixonada por Davi (cf. 1Sm 18,20).

O encontro e o diálogo noturno de Rute com Booz

3,⁶ Então, ela desceu à eira e fez tudo conforme a ordem de sua sogra. ⁷ Booz comeu e bebeu, e ficou bem o seu coração.ᵇᵇ Depois ele entrou para deitar-se na

Jz 19,9

ᵇᵇ Comer e beber, aqui, não tem a conotação de glutonaria e bebedeira. O texto não diz se Booz bebeu vinho (cf. Sl 104,15; Pr 26,9), mas a expressão *e ficou bem o seu coração* denota o conforto que sentiu ao fazer a refeição após joeirar os grãos de cevada. Pode-se pensar que Booz fez jus ao seu esforço, apesar de ser o dono do campo.

beira do monte de cevada,[bc] e ela entrou secretamente e descobriu o lugar próximo dos pés dele e deitou-se. [8] E aconteceu que, na metade da noite, o homem gemeu[bd] e apalpou, e eis que uma mulher estava deitada aos seus pés. [9] Então, ele disse: "Quem és tu?" E ela respondeu: "Eu sou Rute, tua criada; poderás estender tua asa sobre tua criada, porque tu és resgatador".[be] [10] Ele exclamou: "Bendita és tu diante do Senhor, minha filha! Fizeste bem, pois a tua última misericórdia foi melhor que a primeira, por não andar atrás dos jovens, sejam pobres ou sejam ricos! [11] E agora, minha filha, não temas! Tudo o que tu disseste, eu farei para ti, porque todos os do portão do meu povo já são sabedores de que tu és uma mulher vigorosa. [12] Eu sei, verdadeiramente, que sou um resgatador, mas existe, também, outro resgatador que é mais próximo do que eu. [13] Permanece aqui esta noite, e acontecerá pela manhã que, se ele quiser te resgatar, estará bem, que ele resgate! Mas, se ele não quiser te resgatar, eu, pela vida do Senhor, te resgatarei. Deita até o amanhecer". [14] Ela deitou-se próxima aos seus pés. Ao amanhecer, ela[bf] levantou-se antes que fosse reconhecida por algum homem companheiro

---

[bc] Passar a noite na beira do monte de cevada não devia ser algo típico, nem tampouco confortável. A atitude de Booz lembra, muito mais, a prudência de quem deve tomar, pessoalmente, conta dos bens. Visto que o livro foi colocado no tempo dos juízes, período de instabilidade, encontrar o dono próximo da sua colheita evocava a sua pessoal preocupação contra possíveis ladrões. Todavia, a atitude de Rute, que chega sorrateiramente, sem ser vista, e consegue se colocar próxima aos pés de Booz, denota que Booz não estava tão preocupado com visitas inesperadas. Esta preocupação deveria ser atribuída ao seu companheiro, que poderia ser o jovem encarregado dos criados e criadas no seu campo. Uma razão forte para que, ao amanhecer, Booz e Rute fossem cautelosos para não serem flagrados juntos.

[bd] O aspecto temporal não induz a pensar, necessariamente, que o ocorrido deu-se "à meia-noite", mas durante a madrugada, quando o frio se fez mais intenso. Não há como fazer uma fogueira, isto colocaria em risco os grãos já joeirados. Booz valeu-se de sua roupa e, provavelmente, de seu manto. Todavia, ele sentiu um forte calafrio, por dois prováveis motivos: a) as suas pernas tinham sido descobertas; b) ele, provavelmente, sentiu a presença, muito próxima, de uma pessoa.

[be] O sentido da expressão: *estende tua asa sobre tua criada*, aqui, não é o mesmo que o citado em Rt 2,12, mas pode ser entendido como a revelação de um direito que se equipara ao *usa o teu direito sobre mim*, que poderia ser visto e interpretado como: toma posse de mim, isto é, *desposa-me*!

[bf] O texto, trazendo o verbo na forma feminina, מִקְתַּן, propõe que Rute foi quem se levantou e não Booz. A atitude de precaução, quanto ao companheiro de Booz, mostrou Rute como uma mulher prudente em relação à reputação de

dele. Então ele disse:[bg] "Que ele não saiba que a mulher veio até a eira". ⟨Ct 5,7⟩

v. 6: A obediência de Rute à sua sogra e aos seus conselhos, após ter chegado com ela a Belém, foi uma realidade que surpreendeu o ouvinte-leitor. Rute, quando ainda estava na sua pátria, no momento em que Noemi mandou as noras de volta para casa materna, opôs-se, decididamente, à ordem de Noemi, mantendo-se firme no seu propósito de seguir a sua sogra. A partir das palavras de Noemi, Rute está completamente aberta ao que ela lhe disse. As atitudes de Rute, que denotam a sua obediência, refletem a realização da bênção proferida por Noemi, pois exigiram a total participação de Rute (cf. Rt 1,8-9).

v. 7: Aquilo que Noemi disse, sobre as ações de Booz na eira, aconteceu como previsto. O sinal que Noemi deu para Rute tinha a ver com o comer e o beber de Booz. Este versículo, além de confirmar o dito de Noemi, acrescentou uma informação importante: *ficou bem o seu coração*. Esse é um modo de dizer que a comida e a bebida fizeram seu efeito: alegraram o coração de Booz, provocando-lhe um sono profundo. Is 9,2 fala da alegria que se sente no tempo da colheita. Causa espanto que o dono da eira deite-se próximo da cevada batida para tomar conta dela, mas esteja profundamente anestesiado pela refeição realizada. Booz não notou sequer Rute entrando, descobrindo e deitando-se aos seus pés. A situação em que Booz se encontra lembra, em muito, o torpor que Deus fez cair sobre Adão para tirar, de uma de suas costelas, a mulher que lhe seria companheira (cf. Gn 2,21).

v. 8: Booz despertou na metade da noite por dois motivos: a) teria passado o efeito da proveitosa refeição; b) a temperatura local

---

seu resgatador. Se o fato fosse sabido, os planos de Booz, ditos no segredo da noite, não alcançariam o êxito desejado junto ao portão da cidade e diante dos anciãos.

[bg] Pela lógica textual, o sujeito dessa fala deveria ser Rute e não Booz. Todavia, a fala pode ser vista como uma expressão do pensamento de Booz. Neste sentido, o narrador propôs uma simultaneidade entre o que Rute diz e o que Booz pensa sobre a delicada situação.

baixara, provocando-lhe o frio nos seus pés, visto que estava descoberto. Ao acordar, talvez para cobrir novamente os próprios pés, percebeu, pelo toque, que uma mulher estava acordada e deitada aos seus pés. Para o ouvinte-leitor isso não é uma surpresa, pois faz parte do plano traçado por Noemi para Rute (cf. Rt 3,4), mas para Booz, que desperta, sem dúvida alguma, o efeito é surpreendente. As ações de Booz podem designar um movimento instintivo ou um movimento de quem busca constatar uma situação. Então, o fato de que Booz estremeceu pode ser interpretado de duas maneiras: pelo calafrio de um temor sentido repentinamente e por constatar uma mulher junto aos seus pés.

v. 9: A pergunta feita por Booz foi lógica, mas também serviu para iniciar o diálogo noturno dele com Rute. A resposta dela foi também lógica, mas os argumentos revelam a sua real disposição. Ao dizer *tua criada*, Rute se colocou na perspectiva do que o próprio Booz lhe tinha sugerido, quando disse para que ela ficasse entre as suas criadas (cf. Rt 2,8). *Tua criada* pode ter um valor jurídico, no qual uma mulher, pertencente ao patrão, era assumida como sua esposa (cf. Gn 20,17; 21,12; 30,3; Ex 21,7-8). Num primeiro momento, Rute aceitou a proposta de Booz, mas ao completar sua fala, expressando um desejo explicado pela alusão ao direito de resgate, Rute revelou suas reais intenções: queria que Booz se apossasse dela como mulher.[bh] Rute, ao dizer: *poderás estender tua asa sobre tua criada*, interpretou a proteção e o refúgio, invocados anteriormente por Booz, na ótica do matrimônio. O Deus de Booz seria uma bênção para Rute à medida que ele aceitasse estender sobre ela o seu manto, isto é, aceitando exercer o seu direito-dever como resgatador e tomando-a por esposa.

v. 10: A reação de Booz surpreende mais uma vez o ouvinte-leitor. No meio da noite, com frio e descobrindo a mulher desejada aos

---

[bh] Rute e Abgail (cf. 1Sm 15,40-43), pela tradição bíblica, estão ligadas ao rei Davi, a primeira como bisavó e a segunda como esposa. Elas puderam exercer o direito de escolher o próprio marido.

seus pés, Booz, ao invés de se aproveitar da situação, louvou as atitudes de Rute diante do Senhor. Se, antes, o elogio feito por Booz a Rute dizia respeito às suas atitudes em relação ao seu falecido marido e em relação à sua sogra, sem marido e sem herdeiros (cf. Rt 2,11), o elogio, agora, tem a ver com ele, ou melhor, tem a ver com a escolha de Rute. Isso não contradiz o que disse Noemi para Rute (cf. Rt 3,1), pois a sua ação explicava-se pela sua condição: uma viúva, desprovida de proteção varonil, podia procurar para si um marido (cf. 1Sm 25,39-42). Ao invés de ir atrás do jovem encarregado (rico) ou dos jovens ceifadores (pobre), independente da sua condição social, ela aproximou-se do ancião e isto foi visto por Booz como um ato de misericórdia de Rute a favor dele. No fundo, Booz sentiu-se recompensado pela preocupação que devotara a Rute no momento em que ela, no seu campo, parecera ter buscado ou pretendido ficar na companhia dos mais jovens (cf. Rt 2,14.21). Booz, dizendo que Rute agiu com misericórdia, aproximou a moabita das atitudes que os judeus piedosos deviam tomar com relação ao próximo, por conhecerem o Senhor e suas atitudes de misericórdia e compaixão devotadas aos estrangeiros (cf. Ex 34,6-7; Jn 4,2.10-11).

v. 11: Booz procurou aliviar o sofrimento e a angústia de Rute com relação ao direito de ser resgatada. A expressão *não temas* é uma fala típica do Senhor para o seu povo, principalmente quando este se encontrava diante de uma situação difícil.[bi] O motivo que levou Booz a fazer o que Rute lhe pediu tinha a ver com a sua boa fama junto aos juízes, aqui chamados de anciãos, e que emitiam seus julgamentos junto ao portão da cidade. Rute, apesar de ser uma mulher moabita, não teve problemas para ser aceita por Booz,

---

[bi] A expressão "não temas", de um homem para uma mulher, é recorrente no Antigo Testamento e, geralmente, é citada diante de situações de perigo ou de grande constrangimento (cf. Gn 35,17; 1Sm 4,20; 1Rs 17,13; Is 40,9; 41,14; 54,4; Jl 2,21; Zc 3,16). A mesma expressão aparece na fala do Arcanjo Gabriel à jovem Maria de Nazaré (cf. Lc 1,30) e do Anjo do Senhor ao justo José (cf. Mt 1,20). Booz e Rute podem ser vistos como precursores de José e Maria.

porque o seu testemunho tornou-se conhecido de todos: és *uma mulher virtuosa*.[bj] A definição de Rute é análoga à informação que o narrador dera sobre Booz (cf. Rt 2,1), que não teme, portanto, em aceitar uma estrangeira como esposa e também não teme enfrentar a decisão dos anciãos-juízes. Vemos que Noemi, mais uma vez, tinha razão, quando disse para Rute: *ele te narrará o que deverás fazer* (Rt 3,4). A referência ao portão da cidade evocava o lugar que era o centro da vida pública, isto é, o local ideal para se difundir uma decisão que incidia sobre os rumos da cidade.

v. 12: Não obstante Booz tenha procurado aquietar o coração de Rute, mesmo sabendo que ele era um possível resgatador, declarou que esse direito de resgate pertencia, em primeiro lugar, a outra pessoa. A ordem das prioridades e dos direitos não foi violada por Booz. Esta é a razão para ele ter dito para Rute: *mas existe, também, outro resgatador que é mais próximo do que eu*. Note-se que, a partir desse momento, Booz passou a viver um drama, porque o campo de Noemi e com ele, Rute, "por direito", pertenciam a outro, mas ele foi o escolhido por Rute. Booz, apesar de ter interesse por Rute, não recuou diante da lei do seu povo e respeitou o direito alheio. Fica em evidência que Booz é um homem realmente bom, pois não passou por cima de ninguém para obter o que tanto desejava. Por isso, pode-se dizer que ele começou a viver um drama. Muito provável, porém, que ele tenha passado a noite arquitetando o seu encontro com esse parente e a forma como iria dissuadi-lo do seu direito de resgate.

v. 13: O diálogo entre Booz e Rute aconteceu no meio da noite. Todavia, não foi um simples diálogo, mas uma conversa reveladora de necessidades, de desejos e de sentimentos humanos. Este versículo insiste no dia seguinte, "amanhã", que foi apresentado como o dia das decisões. Booz retomou a fala sobre o outro resgatador e, mais

---

[bj] O livro de Rute propõe que Israel possui uma heroína. Uma mulher digna, distinta por sua fé e suas qualidades. Em Rute, revive-se, positivamente, a astúcia de Eva sobre Adão, interpretado por Booz.

uma vez, tranquilizou Rute, dando a entender que o outro resgatador era alguém de boa índole. O ouvinte-leitor poderia pensar que Booz estivesse desistindo de lutar por Rute, mas não é isso, pois ele disse: *permanece aqui esta noite... Deita até o amanhecer*, e faz um juramento solene: *pela vida do Senhor te resgatarei*. Que noite cheia de drama e que criou um suspense no ouvinte-leitor, desejoso de saber, o quanto antes, o desfecho do fato. Booz, como Noemi tinha previsto, sabia o que tinha que fazer, mas procurou deixar Rute na paz, pois ele já aceitara o seu pedido.

v. 14: O narrador deu a entender que Rute acreditou em Booz e fez, exatamente, o que lhe foi sugerido, pois terminou a noite aos seus pés. Todavia, a cautela apareceu com evidência. Ninguém deveria saber o que acontecera naquela noite na eira entre Booz e Rute. Caso fosse sabido, tal fato comprometeria a fama de Rute e poderia estragar o plano de Booz, pois que ancião acreditaria que Booz não tocara em Rute? A recomendação para que Rute passasse a noite no local do encontro visava evitar os perigos do retorno e era uma precaução, a fim de se evitar olhares e falas humilhantes tanto para ele como para ela, pois o resgatador mais próximo poderia tomar medidas severas contra Rute. O texto, também, fala de um companheiro de Booz. É possível pensar que ele estivesse acompanhado do jovem encarregado pela colheita da cevada. Tudo gira em torno do segredo e da noite. Há um amor no ar, mas um amor puro e digno de um homem e de uma mulher que possuem retidão de princípios. Assim como Booz conhecera e elogiara a boa fama de Rute, por aquilo que lhe foi narrado, ela, neste momento, conheceu, por experiência própria, que Booz era, de fato, um homem de valor, um bom partido, e que Noemi não estava enganada com os seus conselhos. No fundo, a bênção do Senhor estava acontecendo na vida de Booz e de Rute, e, por eles, aconteceria para todo o povo de Deus, com o futuro nascimento de Davi.

A generosidade de Booz revela o seu interesse pela sorte de Rute e Noemi

Is 3,20

3,[15] E ele disse: "Estende a manta que está sobre ti e agarra-a firme." E ela a agarrou firme; então ele mediu seis medidas de cevada,[bk] e colocou sobre ela. Ele entrou[bl] na cidade, [16] enquanto ela regressou para a sua sogra. Esta disse: "quem és tu, minha filha?" E ela contou-lhe tudo o que o homem fizera para ela. [17] E disse: "Estas seis medidas de cevada, ele deu para mim, porque disse: 'Não retornarás vazia para tua sogra'". [18] Então, disse: "Senta, minha filha, até saberes como a questão terá seu desfecho, porque o homem não se dará paz, até que se decida, hoje, a questão."

v. 15: O versículo anterior terminou falando de uma preocupação: os dois, pela manhã, não deveriam ser vistos juntos na eira. A razão dessa preocupação era óbvia: a descoberta do encontro noturno, entre Rute e Booz, comprometeria a reputação dos dois. Ao lado disso, enfraqueceria a força de persuasão que a conversa de Booz necessitava ter com o parente próximo, porque a este pertencia a primazia do direito ao resgate da propriedade e dos bens de Elimelec. Os anciãos que foram escolhidos por Booz, como testemunhas da questão que ele levou para o portão da cidade, também não teriam acreditado nele.

[bk] Não há como determinar, com certeza, quanto seriam as seis medidas de cevada. O texto diz, simplesmente, "seis de cevadas", a palavra "medida" é subentendida. Sabe-se que um *omer* media 450 litros; um *letek* media 225 litros; um *efá* media 45 litros; um *serah* media 15 litros; e um *issarô* media 4,5 litros. Em Rt 2,17 foi dito que o fruto do seu dia de trabalho deu-lhe o equivalente a um *efá*. A partir disso, é possível dizer que as seis medidas corresponderiam, aproximadamente, a um *efá*, ou, considerando que Booz pede que Rute estenda, com firmeza, a sua manta, enchendo-a de grãos, as seis medidas poderiam ser, simplesmente, o suficiente para que Rute e Noemi tivessem o necessário para vários dias. Uma coisa é certa: Booz não colocaria sobre os ombros de Rute um peso insuportável.

[bl] Rute foi quem se levantou no versículo precedente, mas a voz verbal, aqui, está na terceira pessoa do masculino, dando a entender que, enquanto Rute voltava para a casa de Noemi, Booz entrava na cidade para decidir a questão com o parente que, por direito, tinha a precedência no resgate.

A noite do encontro de Rute com Booz, na eira, mudou a história não só dessas duas pessoas; o fruto desse relacionamento amoroso determinou o futuro político, social, cultural, econômico e religioso de Israel. Tudo isso aconteceu dentro de um grande realismo, há um amor nascido entre Booz e Rute, mas, na frente do amor, estava um dever de honra: respeitar os direitos de um parente, que tinha a primazia do resgate. A honra pelos direitos humanos, respeitados por Booz, manifestava o seu zelo pela Lei de Deus.

Se o plano de Noemi alcançou certo êxito, mostrando que havia, de fato, em Booz um verdadeiro interesse por Rute, o encontro dessas duas pessoas e de suas vontades precisava se confrontar com uma realidade diurna: um ato jurídico à porta da cidade, a fim de que Booz pudesse ter legitimidade sobre a porção do campo de Elimelec e sobre Rute.

Booz era sabedor das necessidades de Rute e de Noemi. Com o gesto generoso, quis evitar que Rute, naquele dia, retornasse ao seu campo para respigar na sua ausência, pois ele teria que discutir com o parente próximo junto ao portão da cidade. A manta carregada de grãos poderia ser a coberta de Booz e, neste caso, seria diferente daquela que cobria Rute (cf. Rt 3,3). Não se sabe quanto tempo durou a questão junto ao interessado e junto aos anciãos, que testemunharam o fato.

Rute regressou feliz à casa, para junto da sua sogra, mas, certamente, muito inquieta. Feliz, porque fez tudo como Noemi tinha instruído e porque Booz aceitou a sua proposta. A certeza do valor de seu pretendente era irrefutável. Inquieta, porque teve que viver o drama de um dia de espera. Ela necessitava confiar nas palavras de Booz e na sua capacidade humana de discussão. Além disso, Booz deveria obter a aprovação dos anciãos, pois ele decidiu se casar com uma mulher estrangeira. A aceitação dos desejos de Booz garantiria, frente aos anciãos, que o nascido de Rute tivesse o direito de ocupar o lugar de Elimelec e de seus filhos junto ao conselho da cidade.

O **v. 15** permite supor que Booz e Rute podem ter saído juntos da eira em direções opostas. Há, também, um paralelo entre as ações de Booz e as ações de Rute: ambos devem se sentar e esperar. Booz senta-se diante do portão da cidade para discutir a questão com o seu parente, enquanto Rute se senta junto à sua sogra para aguardar o desfecho da questão. Sentar-se, nos dois casos, é um sinal de fé e de esperança, pois o futuro não depende somente de Booz e de Rute, mas dos interesses que envolvem a comunidade.

v. 16: Um dado particular aparece neste versículo, pois Noemi dirigiu uma pergunta estranha para Rute: *quem és tu, minha filha?* Noemi não teria reconhecido Rute ou a dúvida poderia ser entendida como uma preocupação: "que houve contigo, minha filha?" ou "como foi a noite, minha filha?" Não é fácil a interpretação! Noemi, certamente, passou uma noite bem aflita e a pergunta podia ser o reflexo de uma aflição estampada na face de Rute, dando margem para uma nova realidade: "já és mulher de Booz ou ainda és a minha nora?". Some-se a isso o fato de Rute regressar para casa com uma manta cheia de grãos de cevada. Teria, porventura, falhado o plano de Noemi? É melhor pensar que Rute entrou em casa, cansada e com fisionomia de aflição ou de preocupação, daí a pergunta de Noemi, pois o seu futuro e o futuro de Rute não estavam somente nas mãos de Booz, mas, principalmente, nas mãos do outro parente próximo. Rute teve um consolo: Booz prometeu fazer de tudo para ficar com ela e realizar o que ela lhe viera pedir.

O narrador deu a conhecer que Rute contou para Noemi tudo o que acontecera naquela noite na eira, junto a Booz, mas sem entrar nos detalhes ou repetir o que fora dito antes. O ouvinte-leitor já sabe que Booz não se atreveu a tocar em Rute, não se aproveitou da situação, a honrou devidamente, e, mesmo revelando-lhe o seu interesse pessoal por ela, não escondeu um fato que poderia mudar todo o projeto: há, além dele, um parente mais próximo.

Neste sentido, Noemi passou a ser sabedora do real interesse de Booz por Rute, mas, também, soube da existência do parente com o direito ao resgate. Ao drama de Noemi e de Rute soma-se o drama de Booz. Se a execução do plano noturno coube às mulheres, o plano e a decisão diurna couberam aos homens reunidos em conselho junto ao portão da cidade.

v. 17: Rute explicou para Noemi o porquê de ela ter retornado com as seis medidas de cevada: foi fruto da generosidade de Booz. Com este gesto, Booz assegurava para Noemi que, mesmo conseguindo ser o resgatador do seu campo e casando-se com Rute, não iria abandoná-la. Booz demonstrou ter uma preocupação pelas necessidades dessas duas viúvas e zelo pelo nome de Elimelec e seus filhos. Com isso, percebe-se outro gesto nobre de Booz, para além do seu interesse pessoal por Rute. De algum modo, Booz sabia que o seu futuro e o seu destino ao lado de Rute, tendo-a por sua mulher, passavam, também, pelo consentimento de Noemi. A manta cheia de grãos seria um modo de enviar para Noemi um dom nupcial que testemunhava a força e a fertilidade do seu interesse por Rute. Ao optar por seguir e ficar com Noemi, Rute renunciou ao seu direito de retorno para a casa materna, renunciou à sua liberdade, e colocou-se como dependente junto a Noemi.

v. 18: Noemi voltou a aconselhar Rute, para que ficasse serena. Curiosa foi a ordem dada: *senta, minha filha.* Aquela que na noite anterior demonstrou toda a sua astúcia ao aconselhar, agora demonstra a sua capacidade em consolar Rute. No fundo, essa ordem tem o sabor de uma afirmação: fica serena, minha filha, eu sei o que estou fazendo e você não provará desilusão por ter confiado em mim e nesse homem. O destino dessas duas mulheres depende da capacidade argumentativa de Booz, que, pela fala de Noemi, era um homem de palavra e que não ficaria parado, esperando para ver como as coisas poderiam se encaminhar na direção de um desfecho.

É possível imaginar como as duas mulheres passaram aquele dia. Mais uma vez, porém, Noemi demonstrou ter a certeza de que a ação de Booz teria um desfecho favorável. Ao dizer que Booz não

COMENTÁRIO BÍBLICO PAULINAS ■ RUTE

se daria paz enquanto não tivesse resolvido a questão, Noemi revelou o quanto ele era um homem determinado em suas ações e que sabia lutar não só pelos seus interesses pessoais, mas, principalmente, pelo bem da família. Booz outra vez ficou em evidência por seus gestos pautados na lei do seu povo.

Booz cumpre a palavra dada a Rute

4,[1] Booz subiu[bm] para o portão da cidade e lá se sentou, e eis que o resgatador[bn] vinha passando, aquele de quem Booz tinha falado, e disse-lhe: "Fulano de tal[bo] venha à frente, sente-se aqui!" E ele veio à frente e sentou-se. [2] Ele tomou, então, dez homens[bp] dentre os anciãos da cidade e disse: "sentai-vos aqui!" E eles sentaram. [3] Então, disse para o resgatador: "Uma parte do campo, que era do nosso irmão[bq] Elimelec, Noemi, que regressou do campo de Moab, pôs à venda. [4] Por isso, eu informo, revelando aos teus ouvidos:[br] adquire, ante os que aqui estão sentados e ante os anciãos do meu povo. Se desejas resgatar, resgate! Mas se não desejas resgatar, diga-me, para que eu possa saber, porque não existe outro, antes de ti, apto a efetuar o resgate; e eu, depois de ti, sou o próximo. Então,

*1Sm 21,3;
2Rs 6,8
Jz 6,27; 20,10;
Am 6,9;
Zc 8,23*

[bm] Este movimento de subida faz pensar que, na época, o portão da cidade de Belém ficava numa parte alta em relação ao seu campo de cevada.

[bn] A raiz גאל, da qual derivam os termos "resgate", "resgatar", "resgatador", ocorre doze vezes nestes seis versículos. É, sem dúvida, uma marca forte no texto, que insiste sobre o direito-dever de exercer o papel do "goelato".

[bo] A locução פְּלֹנִי אַלְמֹנִי significa, literalmente, "um tal de tais". O narrador, ao contrário das outras ocasiões, não mencionou o nome desse parente ao fazê-lo entrar em cena, chamado por Booz. Um parente tão importante sem nome causa espanto. Segundo P. Joüon (*Ruth; commentaire philologique et exégétique.* Roma: PIB, 1993, p. 80), esta expressão insólita deve-se ao escriba e não a Booz.

[bp] O número dez é proposital, pois um conselho jurídico devia ser formado por dez membros. Ao contrário do juiz Gedeão, que escolheu dez homens, mas agiu de noite (cf. Jz 6,27), Booz agiu de dia e de forma pública. A escolha de dez homens dentre os anciãos da cidade, mais Booz e mais o parente próximo, perfazia o total de doze homens. Ao lado destes, outros estavam acompanhando a questão trazida por Booz ao seu parente.

[bq] A expressão *nosso irmão* indica parentela e não consanguinidade (cf. Gn 13,8). Booz e o fulano de tal são parentes próximos e, talvez, da mesma geração que Elimelec.

[br] A expressão *revelarei aos teus ouvidos* literalmente significa em hebraico: *descobrirei o teu ouvido*. Booz informa ao seu parente algo que ele desconhecia.

ele afirmou: "Eu resgatarei!" [5] Booz, porém, replicou: "No dia em que adquirires o campo da mão de Noemi, com ele terás adquirido Rute, a moabita, mulher do morto, a fim de suscitar o nome do morto sobre a sua herança". [6] Diante disso, o resgatador disse: "Não poderei resgatar para mim, causando ruína para minha herança; resgata tu, para ti, o meu resgate, porque eu não poderei resgatar".

v. 1: Booz iniciou o seu plano, cumprindo o que prometera a Rute na noite anterior, enquanto os dois estavam dialogando na eira. O portão da cidade, além de ser um local de grande movimento, era o local onde se realizavam os negócios públicos entre os seus habitantes. Neste local, fazia-se comércio, no qual se travava um verdadeiro diálogo-debate entre as partes, mas nele realizavam--se, também, questões jurídicas sobre diferentes situações. Booz, ao que tudo indica, sabia que o seu parente era um homem de negócios e que, certamente, o encontraria em algum momento do dia passando ou tratando dos seus afazeres junto ao portão da cidade. A postura de Booz, portanto, é bem condizente com a sua personalidade. Ele fez ao parente próximo uma convocação e, este, prontamente, aceitou-a. Pode-se afirmar isso, pautando-se no verbo sentar, que ocorre três vezes, neste versículo.

v. 2: Não há dúvidas para o parente próximo, o resgatador, que Booz o convida para tratar de uma questão familiar, mas que possui um cunho jurídico. Isso fica patente pela segunda providência de Booz, que convoca dez homens, dentre os anciãos da cidade, formando um corpo jurídico de testemunhas qualificadas. O verbo sentar é utilizado, novamente, mais duas vezes. A postura que todos assumem revela que a questão era algo importante e que podia demorar. Todos sabem que Booz, na cidade, é um homem respeitável e honesto; do contrário não teriam assumido o papel de testemunhas.

v. 3: Booz introduziu a questão de forma a criar um rápido interesse, tanto para o "fulano de tal", como para os anciãos convocados. No Antigo Oriente, adquirir uma propriedade era uma oportunidade que não se podia perder. Quanto mais alguém aumentava as suas posses, tanto mais era visto como abençoado por Deus. Alguns dados são revelados por Booz ao seu parente: Elimelec é nosso irmão e possuía uma propriedade quando partiu para os campos de Moab, com a sua esposa e os seus filhos. A parte do seu campo, após sua morte, passou a pertencer, por direito, a Noemi, visto que não havia herdeiros. Isto deu a Noemi o direito de dispor a parte do campo, colocando-a à venda.[bs] Booz falou em nome de Noemi. É curioso, pois em momento algum, na narrativa precedente, fora dito que Noemi tinha uma propriedade e tinha a intenção de vendê--la. É lícito perguntar: Como Booz soube da intenção de Noemi? Seria um artifício que Booz usou para conseguir a atenção de seu parente e dos anciãos por ele convocados? A questão permanece aberta, mas talvez Booz estivesse se valendo de uma situação prevista na lei e contida em Lv 25,23-25, que previa o caso de alienação e venda de uma propriedade.

v. 4: Eis que fica explícito o interesse de Booz e, ao mesmo tempo, ele deu ao seu parente a notícia de que, até então, somente ele possuía. Diante de todos, principalmente diante de seu parente, Booz revelou-se justo e honesto. Não passou por cima dos direitos do seu parente. Booz tornou a notícia pública, não somente diante dos ouvidos do "fulano de tal", mas diante dos dez anciãos que foram convocados. Entrou em jogo, a partir desse momento, a proposta de Booz, que girava em torno do direito ao resgate ou o direito de preferência sobre a compra da parte do campo de Elimelec. Booz não escondeu, para o seu parente, que ele tinha o desejo pessoal pela propriedade, mas precisava saber dos interesses do "fulano de tal" por esse bem. Ele exigiu que a resposta do mesmo fosse expressa

---

[bs] Cf. D. R. G. BEATTIE, The Book of Ruth as Evidence for Israelite Legal Practice. *VT* 24 (1974) p. 256. Em contrapartida, há quem conteste o direito de uma viúva herdar os bens do marido, que passariam para o parente homem mais próximo (cf. E. W. DACIES, Inheritance Rights and the Hebrew Levirate Marriage. *VT* 31 (1981) pp. 138-139). O caso de Noemi, junto ao caso de Judite, que é autônoma e independente de um parente próximo (cf. Jt 8,4-7), parece uma exceção, pois Booz afirmou que ela colocou a parte do campo à venda, conferindo-lhe a autonomia de fazê-lo.

de forma pública diante das testemunhas. O que Booz propôs ao seu parente corresponde ao que ele, na eira, dissera para Rute (cf. Rt 3,12-13). O versículo termina com uma resposta desconcertante, mas, talvez, já esperada por Booz: o "fulano de tal" manifestou o seu interesse pela propriedade à venda. Não seria diferente; quem perderia a chance de aumentar o seu patrimônio?

v. 5: Diante da resposta positiva, Booz deu início à segunda parte da sua estratégia. Com o resgate do campo, seguia-se a obrigação de outro resgate: perpetuar a dignidade de Maalon. Rute, a moabita, era um "bem disponível" junto com a parte do campo que estava à venda. Teria Noemi previsto algo ao tentar dissuadir as noras para que voltassem, cada uma, para a casa materna? Booz teve que utilizar os artifícios que conhecia para obter sucesso no seu plano. Esse "fulano de tal" ficaria ligado, segundo Booz, não só à obrigação de fazer frutificar a parte do campo que pertencia a Elimelec, mas teria de fazer frutificar o "campo" que pertencera a Maalon, isto é, o ventre de Rute, suscitando-lhe um herdeiro.

Booz, com esse argumento, testificou, diante dos anciãos convocados, que o "fulano de tal" passaria a ter obrigações previstas pela lei mosaica (cf. Dt 25,5-10). Na verdade, a apelação para essa lei não se aplicaria, necessariamente, à Rute. Seria mais aceita, se aplicada à viúva Noemi, que, de antemão, já descartara essa possibilidade (cf. Rt 1,11-13).

O "fulano de tal", comprando a parte do campo das mãos de Noemi, adquiriria, igualmente, a responsabilidade pelo sustento de Noemi e de Rute. Booz, com esse "feliz" argumento, revelado aos ouvidos do "fulano de tal", demonstrou que o conhecia muito bem, como um homem de negócios e não como um homem capaz de colocar em risco as suas propriedades. A forma como Booz interpretou a lei e a propôs para o seu parente foi muito além do sentido que essa lei possuía. Nas palavras de Booz, encontrava-se o seu real desejo: ter

Rute! Isto era mais importante do que comprar a parte do campo de Elimelec.[bt]

v. 6: A mudança na postura e na resposta do "fulano de tal" era tudo que Booz necessitava ouvir. Ele estava prestes a obter o que veio tratar junto ao portão da cidade. Ele mostrou-se um "ótimo comerciante", pois soube negociar o bem pessoal que mais deseja-va alcançar. A primeira coisa dita pelo "fulano de tal" a Booz reve-lou uma incapacidade interessante: *não poderei resgatar para mim*. Esta incapacidade tinha a ver com uma profunda postura familiar e religiosa. Esse "fulano de tal" não estava disposto a alienar seus bens pessoais unindo-se a uma estrangeira, com a obrigação de gerar um filho para um parente já falecido, pois os bens ficariam para o herdeiro gerado em Rute. Ele sabia, porém, que a lei o dis-pensaria, nesse caso, da obrigação do levirato, pois a lei proibia o casamento misto (cf. Dt 7,3-4). A questão como um todo, para o ouvinte-leitor, não cria problemas, porque ele já sabe que tipo de mulher é Rute. Booz não estava desejoso por *uma parte do campo que era do nosso irmão Elimelec*, mas ele estava interessado em Rute, a quem se afeiçoou desde o início, graças às notícias que obtivera sobre a sua boa índole e a sua nobre conduta. Booz sabia que seus bens não estariam correndo riscos, caso viesse a se casar com Rute. Ela seria o melhor bem para a sua vida.

O acordo é sancionado segundo o costume

4,[7]Em dado tempo, um costume era usual em Israel, no que dizia respeito ao resgate e às trocas, para ratificar toda a forma de negócio: uma das partes retirava a sua sandália e dava-a ao seu próximo. Este era o modo de selar um

---

[bt] A forma como Booz conduziu a questão diante do seu parente próximo, in-troduzindo a obrigação de suscitar um nome para Maalon, e, na fala das mu-lheres, para Noemi, sobre a criança nascida se tornar um amparo para ela em sua velhice (cf. Rt 4,14-15), permitem afirmar que o herdeiro seria, ao mesmo tempo, proteção para a viúva e que o patrimônio da família não seria alienado (cf. F. S. FRICK, As viúvas na Bíblia hebraica, p. 161).

negócio em Israel.[bu] [8] O resgatador disse para Booz: "Adquire-o para ti!" E descalçou a sua sandália. [9] Booz disse aos anciãos e a todo o povo: "Vós, hoje, sois testemunhas, de que eu adquiro das mãos de Noemi tudo o que foi de Elimelec e quanto pertencia a Quelion e Maalon. [10] Além disso, Rute, a moabita, mulher de Maalon, a adquiro para mim como esposa, a fim de manter o nome do morto sobre sua herança, de modo que o nome do morto não seja erradicado do meio dos seus irmãos e do seu lugar junto ao portão. Vós, hoje, sois testemunhas." [11] E todo o povo que estava junto ao portão e os anciãos responderam: "Somos testemunhas![bv] Que o Senhor conceda à mulher, que está para entrar na tua casa, seja como Raquel e Lia, porque, com elas, a casa de Israel foi construída. Opere vigorosamente em Éfrata e que se proclame um nome em Belém. [12] E que seja a tua casa como a casa de Farés, que Tamar gerou para Judá, do qual uma prole o Senhor te conceda desta jovem".

Gn 24,60;
29,31-35;
30,22-24;
35,23-26

Gn 38,29

v. 7: O narrador introduziu o ouvinte-leitor num dado cultural que atestava e possuía um valor jurídico. Naquela época, segundo o costume local, as partes disputantes ou em litígio por uma questão legal, ao chegarem a um acordo, tinham que ratificá-lo. Para fazê-lo, a parte que abria mão de algo ou que deveria indenizar a parte

---

[bu] Dt 25,9 prescrevia que a viúva desprezada tiraria a sandália do irmão que se negasse a cumprir a lei do levirato, cuspiria no seu rosto e proclamaria a sua indignação. Cumprindo tal gesto, a viúva estava assumindo o direito de dispor da sua liberdade e do seu destino (cf. V. P. HAMILTON, Marriage: Old Testament and Ancient Near East. In: *Anchor Bible Dictionary*, vol. 4, p. 567). O gesto tem a ver com a identificação, pois a sandália retirada ou, no caso de Booz, dada pelo "fulano de tal", atestava a sua identidade frente à incapacidade de praticar o que estava previsto na lei. Gn 38 possui um caso de levirato. Neste, as insígnias foram: um selo, um cordão e um cajado que pertenciam a Judá, que gerou, sem saber, um filho em sua astuta nora, Tamar. Judá não cumpriu a palavra dada a Tamar, de que lhe daria o seu filho Sela no tempo devido, pois Onã morrera por não copular com Tamar, a fim de suscitar-lhe uma descendência ao seu irmão.

[bv] Uma afirmação coletiva de confirmação do ato jurídico instaurado é plausível, mas o augúrio que se segue provém dos lábios de uma das testemunhas, desejosa de que o negócio feito por Booz seja gerador de benefícios não somente para ele, mas para toda a cidade. Quando se faz um negócio, é normal que este seja portador de vantagens para ambas as partes, que desejam lucrar com o negócio. De fato, o augúrio antecipava a notícia sobre o nascimento do futuro rei Davi que resultou do fruto do casamento de Booz com Rute.

lesada retirava e entregava um pé de sua sandália. Com este gesto, algo passava para as mãos da parte desejada de reparação, funcionava como uma espécie de contrato que garantia a causa ganha, mas também protegia contra futuras queixas ou reivindicações da parte que abriu mão de algum direito.

No caso citado, o gesto tem a ver com a renúncia e à transferência do direito que era feita para a outra pessoa. Por esse gesto, Booz tinha a garantia, deste "fulano de tal", de que o direito de ser o resgatador da parte do campo de Elimelec, juntamente com Rute, passava, legalmente, para as suas mãos. Uma coisa é certa: o livro quis retratar um costume antigo e em desuso. O narrador, vivendo, provavelmente, numa época mais recente, necessitou criar um vínculo com um dado cultural não mais em voga para o seu ouvinte-leitor, pelo menos com relação à renúncia de um direito.

No Sl 60,10 encontra-se algo sobre o gesto ligado à sandália, mas com uma diferença de significado, na qual o Senhor diz: *Moab é a bacia na qual me banho e sobre Edom lanço a minha sandália*, simbolizando que o Senhor tem a posse do território de Edom. Além disso, Booz explicitou para o "fulano de tal" a obrigação não só de resgatar a parte do campo que pertencia a Elimelec, mas também a obrigação de suscitar uma descendência ao falecido Maalon, vinculando o "fulano de tal" à lei do levirato (cf. Dt 25,7-10).

vv. 8-9: O fato de o narrador lembrar um costume local facilitou a compreensão do gesto. O "fulano de tal" tomou a palavra, de forma jurídica e pública, diante de Booz, e realizou o gesto sancionador da sua palavra na qual, livremente, renunciou ao direito de ser o resgatador, transferindo-o, legalmente, para Booz. A força do gesto contou com a participação e a atuação das testemunhas que Booz havia convocado para atestar o resultado da questão jurídica.

Do momento em que Booz passou a ser, legalmente, o resgatador da porção de terra pertencente a Noemi, passou, também, a ter a obrigação de realizar o previsto pela lei e que usou como forte argumento para convencer o "fulano de tal": suscitar, através da união com Rute, um nome para Maalon, isto é, uma descendência que perpetuasse a sua presença junto aos anciãos da cidade. É preciso notar que Booz comprou de Noemi um patrimônio que não ficaria com ele, mas continuaria vinculado a Noemi, pois pertenceria ao primogênito que nascesse de Rute. Booz não alienou os seus bens, mas garante que os bens de Elimelec, que deveriam ser de Maalon, o primogênito, e de Quelion (se não tivesse morrido, ele deveria, pela lei do levirato, suscitar a descendência em Rute a favor de Maalon), ficassem na família de Noemi.

v. 10: Booz atestou, diante de todos, os seus reais propósitos por Rute e pela família do seu parente Elimelec. Tal gesto engrandeceu Booz mais ainda, pois o colocou acima do "fulano de tal", que havia pensado somente em não alienar os seus próprios bens. Booz queria Rute e tudo fez para ficar com ela, mesmo sabendo que o filho, que nela fosse gerado, perpetuaria o nome do falecido Maalon e de Elimelec.

Booz, representante do Senhor, que não abandona os necessitados, voltou-se, novamente, para Noemi e Rute, com grande misericórdia, pois desejou favorecer seu parente Elimelec, não permitindo que seu nome fosse extinto, mas continuasse ocupando um lugar junto aos anciãos no portão da cidade. Eles eram os representantes das famílias que viviam no lugar. Booz era um deles, mas desde a partida de Elimelec o lugar deste estava vazio. Com isso, Booz quer perpetuar a memória de Elimelec junto aos anciãos da cidade de Belém.

v. 11: Booz havia convocado dez anciãos da sua cidade para que servissem de testemunhas (cf. Rt 4,2). No entanto, Rt 4,4 dá a entender que o número dos presentes era maior e este dado aparece confirmado em Rt 4,9: Booz falou *aos anciãos e a todo o povo*. Isto permite pensar que juntou gente para ver que tipo de questão Booz trouxera para ser julgada pelos anciãos junto ao portão. O testemunho, por isso, não estava sendo acolhido somente por dez anciãos, mas por um grupo bem maior, representando toda a cidade de Belém. Todos se fazem testemunhas de que Booz adquiriu, do "fulano de tal", o direito ao resgate e se tornou o parente próximo, por lei, para adquirir de Noemi a parte do campo que pertencia a Elimelec, incluindo Rute e o dever de suscitar uma descendência para Maalon.

Além de dizerem que são testemunhas, os anciãos e os que estavam presentes ao portão da cidade emitiram uma bênção carregada de generosidade para Booz e a sua futura esposa. O livro já mostrara outras cinco bênçãos sendo proferidas. A primeira foi feita por Noemi, no momento da sua despedida de suas noras (cf. Rt 1,8-9). A segunda foi feita entre Booz e os seus ceifadores (cf. Rt 2,4). A terceira foi feita por Booz para Rute antes do encontro noturno (cf. Rt 2,12). A quarta foi feita por Noemi em dois momentos: quando Rute chegou carregada de grãos, mas ainda não havia dito nada sobre o campo onde respigara (cf. Rt 2,19), e quando soube que ela respigara no campo de Booz (cf. Rt 2,20). As cinco bênçãos, somadas a esta última, que acontece no findar da questão de Booz com o "fulano de tal", conferem ao livro um forte tom religioso. O conteúdo desta bênção revela um favor divino a uma estrangeira: que Rute, a moabita, seja como Raquel e Lia, que são as filhas de Labão casadas com Jacó, das quais foram geradas as doze tribos de Israel (cf. Gn 29,1–32,3).[bw] A história de Rute, evocando as mulheres de Jacó, fez dela uma matriarca para a casa de Israel. O desejo, nesta bênção, recaiu também sobre Belém, para que a cidade se tornasse importante, pois almejavam que nela o Senhor realizasse maravilhas e que o nome de Booz fosse exaltado. A última bênção

---

[bw] Jacó tornou-se sagaz, pois além de ter recebido a bênção de Isaac no lugar de Esaú, atraindo a ira do irmão, enquanto trabalhou para o seu tio Labão a fim de obter o direito de se casar com Raquel, enriqueceu seu sogro, mas aplicou-lhe um golpe a fim de recuperar o tempo dedicado e conseguir riqueza (cf. Gn 30,25-43). Raquel e Lia, também, se sentiram lesadas pelo próprio pai, que se beneficiou dos trabalhos de Jacó como pagamento pelo dote que deveria ser, parcialmente, entregue à esposa.

TEXTO, PARALELOS, NOTAS E COMENTÁRIOS

será feita, a seguir, pelas mulheres que reconhecem os benefícios que Rute trouxera para Noemi (cf. Rt 4,14-15).

v. 12: Booz continua sendo valorizado, no contexto da bênção, pela referência a Tamar, que passou por um caso de levirato e usou de grande astúcia para obter os seus direitos junto a Judá, que foi o cabeça da estirpe dos efrateus (cf. Gn 38); e, pela referência a Farés, nascido da união entre Judá e Tamar (cf. Gn 38,29), que, segundo 1Cr 2,5.9-12.19.50-51, era o progenitor de Booz e do clã dos efrateus. Nesta bênção, portanto, sobre a união de Booz com Rute, residiu um forte desejo de que os filhos nascidos desse matrimônio renovassem não somente a família de Elimelec, mas o clã inteiro dos efrateus.

A vida refloresceu para Noemi e para Belém

4,[13] Então, Booz tomou Rute e ela se tornou sua esposa. Ele uniu-se a ela e o Senhor deu-lhe concepção e ela gerou um filho. [14] As mulheres disseram para Noemi: "Bendito seja o Senhor que não deixou faltar para ti, hoje, um resgatador. Que o seu nome seja aclamado em Israel. [15] Ele será para ti portador de vida e sustentador da tua idade avançada, porque tua nora, que te ama, gerou-o; que ela seja boa para ti mais do que sete filhos!" [16] Noemi tomou o menino e o colocou no seu colo e foi para ele uma tutora.[bx] [17] E as vizinhas proclamaram-lhe um nome, dizendo: nasceu um filho para Noemi e deram-lhe o nome de Obed. Ele foi o pai de Jessé, pai de Davi.

(margem: Gn 24,67; 1Sm 1,8)

4,[18] Estas são as gerações de Farés: Farés procriou Hesron. [19] Hesron procriou Ram e Ram procriou Aminadab. [20] Aminadab procriou Naason e Naason procriou Salmon. [21] Salmon procriou Booz e Booz procriou Obed. [22] E Obed procriou Jessé e Jessé procriou Davi.

(margem: Gn 46,12; Nm 26,21; 1Cr 2,9.10.25; Nm 1,7; 2,3; 1Cr 2,11; 1Cr 2,12)

[bx] O particípio feminino אֹמֶנֶת deriva de אמן, raiz dos termos "verdade", "fidelidade", "solidez". Rute, sem dúvida, foi quem amamentou Obed, mas Noemi aparece como guardiã ou protetora, aquela que tutelou e educou o seu neto na fé e nos costumes do seu povo. É um modo delicado de fazer a educação passar das mãos da mãe estrangeira para a avó judia. Ao colocar o menino no seu colo, o narrador indicou que ele deveria ser considerado "filho legal" de Noemi.

v. 13: Todo o drama desencadeado pela ânsia de Booz, para unir-se em matrimônio com Rute, foi descrito de forma breve e acelerada pelo narrador. As ações estão em sequência lógica: Booz tomou Rute e ela se tornou sua esposa, ele se aproximou dela e ela foi agraciada pelo Senhor com a concepção e com o dom da maternidade, gerando um varão. Conceber e dar à luz são experiências humanas essenciais que concederam a Rute uma verdadeira e plena maternidade entre os filhos de Israel. Algo que ela não experimentou enquanto estava casada com Maalon e vivia na sua pátria. O dom de um filho tornou Rute uma mulher plena. Foi uma bênção singular que Booz partilhou com Rute, ao gerarem o filho Obed; mas o conceber, o gerar e o dar à luz deram a Rute a experiência de algo exclusivo e reservado somente às mulheres. Os favores divinos não poderiam ser melhores. A história cruel de duas viúvas sem filhos se transformou na história de uma varonil bênção divina.[by]

vv. 14-15: As mulheres, novamente, entraram em cena, mas com uma bênção nos lábios a favor de Booz e de seu filho. É o reconhecimento do valor deste varão que tudo fez para ficar com Rute e, por meio dela, trazer a esperança de um futuro promissor para Noemi. Por tudo que Booz fez, é possível dizer para Noemi que ela terá uma velhice amparada, nada lhe faltará, porque ela teve um resgatador de uma nora valorosa, que lhe deu uma herança, para que o nome de seu marido e de seu filho Maalon se perpetuasse entre os belemitas. As mulheres, ao dizerem que Rute valia mais do que sete filhos para Noemi, não estavam só exaltando Rute, mas estavam reconhecendo uma prova de amor, visto que ela agiu como uma verdadeira filha e consorte de Noemi.

[by] Os Salmos 127 e 128 mostram o valor e a importância dos filhos, pois representavam uma garantia no futuro dos pais. Por razões práticas, um filho era mais valorizado do que uma filha, pois esta, ao se casar, passava para a casa do marido, enfraquecendo a própria casa (cf. Gn 31). Neste sentido, o "presente de casamento" que o noivo entregava ao pai da noiva amenizava esse fato.

Rute recebeu das mulheres, ao lado do reconhecimento de Booz, o elogio que exaltava a sua virtude.

v. 16: A maternidade de Rute foi experimentada também por Noemi, que assumiu o filho de sua nora-filha como se fosse o seu próprio filho. Ter uma criança nos braços, novamente, foi a melhor bênção que Noemi poderia receber do Senhor, a quem ela proclamara, com duras palavras, ter sido o culpado pelas suas desventuras e desgostos. Aquele que a tratara com tanta dureza, agora é bendito, porque sua casa foi visitada como o "pão" da filiação, isto é, a desgraça não teve a última palavra sobre a história de Noemi e Rute.

v. 17: As vizinhas entraram, novamente, em cena e realizaram um ato ainda maior com relação a Noemi, pois afirmaram, quase ignorando Rute, que o filho nascido foi uma graça concedida a Noemi.[bz] As mulheres, assumindo e proclamando o nome Obed, que significa "servo", mostraram que teve início uma nova página na história da cidade de Belém, situando o alcance dessa graça. Obed, afirmou o narrador, foi o avô de Davi. Somente, agora, o ouvinte-leitor toma ciência do ápice desta história. Com isso, criou-se a ligação entre o período dos juízes e a instituição da monarquia que teve, em Davi, o modelo de rei-servo do Senhor.

vv. 18-22: A genealogia final, numa perspectiva masculina, parece desnecessária, visto que o versículo 17 contém uma genealogia,[ca] numa perspectiva feminina, que conclui bem o livro. Todavia, uma ligação oportuna surge como desdobramento do augúrio feito no versículo 12, marcando a diferença fundamental entre o estado

---

[bz] Mais do que o esposo, era a esposa que se aborrecia pela falta de filhos homens (cf. Gn 30,1). A postura das mulheres que avaliam a situação como favorável para Noemi se completa com a exaltação de Rute como sendo melhor do que sete filhos, pois o que Rute fez por Noemi não tem preço; é fruto de uma relação íntima e gratificante entre duas mulheres que partilharam a mesma sorte.

[ca] הוֹלִיד, com 85 atestações, e הֹלִיד, com 9 atestações, são a forma causativa da raiz ילד e tem o homem como sujeito. Desse modo, atesta-se a certeza da paternidade biológica. Jó 38,28 usa a forma verbal hebraica no hifil e pelo contexto, referindo-se ao dom da chuva, deixa entrever que é um fruto divino.

inicial do livro, morte dos varões, e o estado final do livro, nascimento dos varões. A história singular da família de Elimelec, narrada no livro de Rute, foi concebida dentro do conjunto da história do povo eleito, mostrando que o elemento particular incidiu sobre o elemento abrangente. A genealogia conta com dez nomes e isso justifica a prole numerosa que se desdobra a partir de Farés, que Judá gerou da sua nora Tamar. Vê-se o valor da inversão, pois de Noemi, através de Rute, a descendência de Judá continuou acontecendo.[cb] O interesse recaiu, certamente, sobre o nome de Davi, que no primeiro livro de Crônicas apareceu colocado como o sétimo filho de Jessé (cf. 1Cr 2,10-15).

[cb] Judá é o pai biológico de Farés, com Tamar, e Booz é o pai biológico de Obed, com Rute. Judá e Booz são os responsáveis por suscitar um nome, respectivamente, a Er, falecido esposo de Tamar, e a Maalon, falecido esposo de Rute. Os dois casos mostram que a lei do levirato, que visava suscitar um nome ao irmão falecido, não foi praticada nos dois casos previstos pela lei de Dt 25,5-10.

CAPÍTULO III

Reflexões sobre o livro de Rute

1) O altruísmo

Uma pessoa capaz de ir ao encontro de outra pessoa, de estar não só diante dela, mas de estar com ela de forma desinteressada, disponível e assumindo essa pessoa em suas reais necessidades, como próprias, para além de um gesto filantrópico, preocupando-se com ela de forma espontânea e livre, denomina-se altruísta.

Poder-se-ia dizer que o altruísmo, como decisão pessoal, é a ação que torna o amor visível, afetivo e efetivo (cf. Mt 25,35-36). A pessoa altruísta vai além de si mesma, vive e se move com quem ela se ocupa.

O livro de Rute tem muito a ensinar sobre o altruísmo. A forma como o narrador colocou o posicionamento de Noemi em relação às suas noras, mostrando-a preocupada com o futuro de cada uma delas, após a morte dos seus esposos, faz de Noemi uma pessoa altruísta.

Noemi não desejou uma separação radical de suas noras, não quis, na verdade, se ver livre delas, tanto que as chamou de "minhas filhas". Na verdade, as noras de Noemi foram o que de bom lhe restou diante de tantas desventuras. O vínculo estabelecido, durante os anos de convivência, criou laços para além da raça e da etnia de Noemi e de suas noras. É relevante que uma judia chamasse as suas noras moabitas de filhas.

O posicionamento de Rute, diante da proposta materna e libertadora de Noemi, elevou e sublimou o altruísmo da nora em relação à sogra. Rute optou por seguir Noemi, decidiu regressar para Belém, realizou e impôs sobre si um solene juramento em nome do Senhor, Deus de Israel. A vida e o futuro de Rute encontraram sentido porque ela não abandonou Noemi.

O livro enfatiza uma estrutura na qual a unidade e a solidariedade da vida de Rute em relação à vida de Noemi podem ser percebidas no sentido horizontal e no sentido vertical: *teu povo será o meu povo e o teu Deus será o meu Deus* (Rt 1,16).

No capítulo segundo, Rute desempenhou um papel social relevante. Assumiu a sua condição de estrangeira e de dependente dos habitantes de Belém, mas não ficou esperando que um parente de Noemi viesse oferecer algum tipo de ajuda. Ela, também, não procurou se beneficiar da boa índole que gozava sua sogra, visto que as mulheres se lembraram de Noemi. Ao decidir respigar no campo de alguém favorável à sua condição, Rute colocou o interesse pelo bem-estar da sua sogra no mesmo nível que o seu. A prova disso encontra-se no modo como Rute respigou durante o dia e no gesto pensado e, por ela, executado em relação à sua sogra: na hora da refeição, Rute saciou-se com o recebido, mas reservou algo para Noemi (cf. Rt 2,14.18).

Noemi, diante dos resultados obtidos no primeiro dia de Rute como respigadora, teve a oportunidade de perceber que a mão do Senhor estava agindo a favor das duas. Isto ofereceu novo alento para ambas as viúvas. O plano traçado por Noemi e aceito por Rute manifestou o altruísmo assumido, pelas duas, como uma vida em parceria, na qual o destino de uma interagia com o destino da outra.

A experiência e a perspicácia de Noemi conjugaram-se, favoravelmente, com a juventude, a beleza e a intrepidez de Rute. O plano da sogra tornou-se o plano da nora. Elas não pensavam em si mesmas, mas cada uma pensava e agia a favor da outra. O benefício buscado por uma causava o benefício buscado pela outra. A relação entre causa e efeito deixou de ser uma realidade meramente mecânica para mostrar o valor da interação de intenções.

Do lado de Booz temos, também, exemplos concretos de altruísmo. Se, por um lado, a observância da lei mosaica sobressaia nas atitudes religiosas de Booz, por outro lado, o tratamento que ele deferiu a Rute, sabedor de que ela era uma estrangeira, sublimou as suas ações e as suas atenções para aquela que se tornou objeto da sua afeição. Booz não se contentou em deixar Rute continuar respigando no seu campo, mas buscou dar-lhe atenção, cuidado e proteção. O resultado da colheita obtido por Rute, nos campos de Booz, atesta e ratifica o seu altruísmo. Booz, dirigindo a palavra a Rute, ofereceu o amparo no seu campo, para que ela não fosse respigar em outro lugar.

Booz, igualmente, reconheceu nas atitudes de Rute, durante o encontro noturno, que ela se fez sensível às suas necessidades. Booz tinha bens, mas carecia de um bem maior: uma esposa digna. Rute, para perceber e entender isso, teve que aceitar e acreditar no plano de Noemi. O que Rute experimentou na eira, junto a Booz, foi um bem mais elevado do que ela tinha experimentado durante o trabalho no seu campo.

O altruísmo de Booz foi levado a bom termo e se contrapôs aos interesses do parente próximo, a quem tocava o direito de resgate. Até nisso, Booz demonstrou-se capaz de salvaguardar o direito alheio. Todavia, a atitude de Booz serviu para evidenciar que o "fulano de tal" não possuía os mesmos interesses. O parente próximo, que estava na frente de Booz, não pensou nas necessidades de Elimelec e de seus filhos. O nome desses parentes a ser perpetuado não se lhe fez importante. Booz, ao contrário, manifestou publicamente o compromisso com Elimelec e o falecido Maalon. É verdade, porém, que tudo fez para atestar o peso da palavra e do amor manifestados a Rute.

A última cena altruísta, a ser evocada aqui, recai sobre as atitudes assumidas por Noemi no tocante ao neto, pois ela tornou-se a sua tutora, e na fala das mulheres sobre o valor de Rute para

Noemi: ela é melhor do que sete filhos. Não é pouco trocar sete homens por uma mulher estrangeira!

Numa ótica voltada somente para os interesses materiais, o altruísmo apontado no livro não seria percebido nem tampouco considerado. As ações de Noemi, de Rute e de Booz revelam-se altruístas, na medida em que a ótica do interesse denota a busca pelo bem-estar que envolve a vida das personagens. Elas interagem favoravelmente umas com as outras, mas, principalmente, pelas bênçãos que o livro contém.

2) As bênçãos e a imagem de Deus

As bênçãos ocorrem, explicitamente, cinco vezes no livro (cf. Rt 2,4.19.20; 3,10; 4,14). Ao lado das bênçãos explícitas, outras duas, implícitas, podem ser citadas: no desejo de bem que Noemi profere para as suas noras (cf. Rt 1,9), e no reconhecimento que Booz percebe nas atitudes assumidas por Rute (cf. Rt 2,12).

Noemi e Booz, enquanto pedem que o Senhor, Deus de Israel, use de benevolência, atestam a sua fé. Estas duas bênçãos, porém, aparecem melhor quando vistas como retribuição pelo bem praticado. Neste sentido, o livro mantém-se vinculado à tradição que atribuía uma recompensa por cada ação, seja ela boa ou ruim. É uma paga por aquilo que se fez ou que se deixou de fazer, visto que a omissão é, também, uma ação. Diante de Deus, nada fica oculto ou esquecido.[a]

As bênçãos aconteceram e foram reconhecidas pelas piedosas personagens, mas, em todas elas, houve uma interação entre o agir de Deus e o agir humano no livro. Rute, por ser moabita, não pronuncia nenhuma bênção, mas suas ações, ricas de misericórdia, falam no lugar das suas palavras.

---

[a] Os exemplos seriam abundantes: Gn 22,16; 26,29; 38,10; Ex 15,26; 18,9; Dt 7,12; 9,16-18; 28; Sl 1.

O Antigo Testamento não possui uma teologia única. O discurso e a doutrina sobre Deus despontam, em cada livro, a partir das suas palavras e dos seus atos em relação ao seu povo. Assim, teologia e antropologia se entrelaçam sob as suas mais variadas situações, circunstâncias e diferentes tempos em que o povo experimentou a presença e o agir eficaz do seu Deus.

O livro de Rute oferece um precioso e importante exemplo sobre como perceber Deus na vida e na história de uma família marcada, em particular, pelo drama da morte e na sua luta pela sobrevivência.[b] A imagem de Deus que o livro deseja transmitir surge analisando o modo como as personagens experimentaram e lidaram com os eventos, em particular com a morte de seus familiares.

No primeiro capítulo, tem-se a primeira menção de Deus (cf. Rt 1,6). O regresso de Noemi para Belém foi motivado por uma notícia que apela para a providência divina: *porque ouviu, nos campos de Moab, que o Senhor[c] visitara o seu povo, para dar-lhes pão*. O verbo "visitar" tem, no contexto do primeiro capítulo, uma conotação positiva. Foi usado para indicar uma ação providente e favorável do Senhor pelo seu povo, removendo a aflição causada pela falta de comida.[d] Deus é providência e auxílio.

---

[b] Cf. W. S. PRINSLOO, The Theology of the Book of Ruth, *Vetus Testamentum* XXX/3 (1980) pp. 330-341.

[c] O Tetragrama Sagrado, יהוה, ocorre dezoito vezes no livro e em todos os capítulos: Rt 1,6.8.9.13.17.21[(2)]; 2,4[(2)].12[(2)].20; 3,10.13; 4,11.12.13.14. O nome Noemi, também, ocorre dezoito vezes de forma explícita no livro.

[d] A raiz פקד significa, teologicamente, ver ou examinar, atentamente, algo ou alguém. A locução *o Senhor visitou* expressa a concepção de que Deus possui um interesse pessoal pelo seu povo. Por isso, Ele olha atentamente e cuida de todos os que se encontram em aflição (cf. Gn 21,1; 50,24-25; Ex 3,16; 4,31; 13,19; 1Sm 2,21; Zc 10,3). A visita de Deus também acontece como uma intervenção para pedir contas das maldades praticadas (cf. Ex 32,34; Is 24,14.21; 27,1). Na dinâmica geral, essa raiz indica uma ação divina para retribuir o bem e para punir os pecados e quem os praticou (cf. W. SCHOTTROFF, "פקד". In: E. JENNI; C. WESTERMANN (org.). *Diccionario Teológico Manual del Antiguo Testamento*, vol. II. Madrid: Cristiandad, 1978, pp. 589-613).

A segunda menção sobre Deus aparece na fala de Noemi quando se despediu de suas noras. Ela, apesar do seu sofrimento, invocou sobre as noras um augúrio, desejou que o Senhor usasse de bondade e misericórdia a favor delas, da mesma forma como elas trataram os membros de sua família. O ápice do desejo recaiu sobre o bem-estar das noras, pois o seu Deus sabe retribuir com justiça e conforme as obras realizadas (cf. Rt 1,9-10). No fundo, percebe--se que existe uma clara distinção entre o que o ser humano pode fazer de bom e o que o Senhor pode e sabe fazer para recompensar a bondade que cada um soube praticar.

A resposta que Noemi obteve das suas noras, que desejaram lhe acompanhar, poderia dar a entender que elas não estavam muito convencidas quanto à bondade do Deus de Noemi. O texto mostra que as mulheres viúvas, em particular as noras, teriam chances melhores se permanecessem juntas com sua sogra, que lhes desejou uma sorte melhor.

Noemi, ao tentar dissuadir as suas noras, buscava escusar o seu Deus, mostrando que a sua mão pesara sobre ela e isso não significava dizer que o seu Deus não lhes seria favorável (cf. Rt 1,13). Noemi, expressando o que pensa e sente a respeito do seu Deus, declarava que só lhe restava colocar em suas mãos o seu destino: voltar para Belém.

A atitude de Rute em relação à Orfa e à fala de Noemi, opondo-se a deixar a sogra, recebeu novo impulso no momento em que Rute fez uma profissão de fé, que é única em todo o Antigo Testamento: *teu Deus será o meu Deus* (Rt 1,16). Esta fala de Rute ganhou mais força com a imprecação que proferiu sobre si mesma, usando o Tetragrama: *Que o Senhor me faça o pior se não for a morte o fato que nos separará* (Rt 1,17). Neste sentido, pode-se dizer que Rute quis, para aceitar os benefícios que Noemi lhe augurou, converter-se ao Deus de Noemi.

Para Noemi, a postura de Rute resultou numa clara adesão aos augúrios e às bênçãos que ela proferira em nome do seu Deus. Rute aceitou receber tais benefícios na medida em que ela demonstrou ser um benefício para Noemi. Identidade nacional e religiosa não são dois aspectos distintos, mas são autênticos se caminham lado a lado. Rute, ao identificar-se com o povo de Noemi, *teu povo será o meu povo*, expressão que também é única no Antigo Testamento, identificava-se com o Deus e com a religião de Noemi.

O fardo pesado, atribuído a Deus, foi novamente colocado em evidência ao chegarem a Belém. Os sentimentos de Noemi, em relação ao duro tratamento recebido de seu Deus, reaparecem no diálogo com as mulheres de Belém. Noemi responsabilizou o seu Deus pela sua condição de dor, de sofrimento e de aflição. Isto é percebido na terminologia empregada: *Todo-Poderoso* e *Senhor*, *amargura*, *oposição* e *infelicidade*, juntamente com o sufixo de primeira pessoa do singular.

Noemi, ao designar o Senhor como *Todo-Poderoso*, conferiu ao seu Deus o veredito de que dele provêm a punição e a bênção. Neste sentido, a tradição sobre a retribuição divina, aplicada sobre o justo e o ímpio (cf. Dt 28), coloca Noemi e a sua concepção sobre Deus, muito próxima à concepção encontrada no livro de Jó: *O Senhor deu, o Senhor tirou* (Jó 1,21b); *se aceitamos de Deus o bem, não deveríamos aceitar também o mal?* (Jó 2,10b). Na fala de Noemi, a aceitação dos males não é algo pacífico.

No segundo capítulo, a presença e a ação de Deus devem ser percebidas, inicialmente, antes mesmo que elas sejam declaradas de forma direta. O primeiro capítulo apresenta a tragicidade. Todavia, a mudança na sorte de Noemi através de Rute, que entra nos campos de Belém, desponta como uma visita e ação de Deus favorável para essas duas mulheres. A bênção que Noemi proferiu sobre suas noras começa a acontecer na vida de Rute, que toma uma posição frente às suas necessidades: ela deseja respigar, isto é, aceita a sua condição de vida como estrangeira e procura encontrar graças aos olhos de algum proprietário dos campos de Belém.

Deus entra em cena, no segundo capítulo, a partir das bênçãos que as personagens esperavam receber ou auguraram umas às outras. Booz chega ao seu campo e inicia o diálogo, com os seus ceifadores, desejando a presença do Senhor: *O Senhor esteja convosco!*; Booz recebe deles, como resposta, uma invocação de bênção: *O Senhor te abençoe!* (cf. Rt 2,4). Nesta troca de invocações divinas percebe-se que o tratamento entre patrão e empregados estava marcado, profundamente, pela identidade religiosa.

No diálogo instaurado com Rute, após apreciar as suas atitudes que evocavam a sua decisão em seguir Noemi (cf. Rt 1,16-17), Booz proferiu uma bênção sobre Rute nos moldes da justa retribuição pelos seus feitos bondosos. Booz declarou para Rute a mesma concepção divina que ela recebera de sua sogra, quando ainda estava nos campos de Moab. Com isso, reafirmava-se, para Rute, que o Deus de Israel era capaz de recompensar as boas obras praticadas aos mais necessitados e, particularmente, para Rute, que nele pôs a sua esperança, buscando refúgio no Deus de Israel (cf. Rt 2,12).

Rute, voltando para casa, trouxe o bom resultado do seu dia de trabalho, dando para Noemi a possibilidade de abençoar aquele que lhe foi favorável (cf. Rt 2,19). Noemi, sabedora dos detalhes, que se passaram na jornada de Rute, bendisse o Senhor, assumindo uma atitude oposta àquela que tivera diante das suas noras e das mulheres de Belém (cf. Rt 1,13.20-21). No lugar da mão pesada e da infelicidade atribuídas a Deus, Noemi proclamou a misericórdia do seu Deus feita aos vivos e aos mortos.

Em que sentido poder-se-ia entender que Deus é misericordioso, também, com os mortos? Estaria Noemi pensando, antecipadamente, na possibilidade do nome de seu falecido marido permanecer vivo através de um possível matrimônio de Rute com Booz? Pelo desfecho da trama narrativa, a resposta é positiva. Todavia, vale a pena fixar a atenção no fato de o texto afirmar a misericórdia divina praticada, igualmente, com os mortos. Tal afirmação abre espaço para uma reflexão teológica que admite a possibilidade de Deus beneficiar quem já deixou esta existência.

Noemi, a partir desse momento, começou a entrever um futuro diferente e agraciado pelo seu Deus. Em outras palavras, Noemi percebeu e ajudou Rute a perceber que a bênção por ela proferida estava, de fato, acontecendo na sua vida. Os cuidados afetivos e efetivos de Booz por Rute foram sinais dos cuidados de Deus pelas duas viúvas que partilhavam o mesmo destino. Com isso, pode-se perceber uma mensagem teológica: Deus não abandonou Noemi, como ela poderia ter pensando. Uma leitura diferente da história trágica começou a se delinear diante dessas duas viúvas.

Assim, no segundo capítulo, os atos divinos não são descritos diretamente, mas são, também, implícitos. A morte de Elimelec e seus dois filhos começou a ser vista não mais como algo trágico, mas como uma base para novas bênçãos acontecerem. Rute passou a experimentar, na sua vida, o que significava estar debaixo das asas do Deus de Israel (cf. Rt 2,12). O Senhor é um Deus fiel que concede os seus favores aos que nele depositam as suas esperanças.

O terceiro capítulo tem a ver com uma questão teológica central: como perceber e como se comportar diante da dádiva divina manifestada? Os conselhos que Noemi deu para Rute, a fim de que ela ficasse entre as jovens de Booz (cf. Rt 2,22), e o plano que ela traçou para a nora, designada de *minha filha*,[e] que tudo acata (cf. Rt 3,1-4), devem ser vistos como atitudes correspondentes às bênçãos que estão acontecendo. A agudeza de Noemi não teria sentido sem a sua fé no seu Deus e sem a obediência de Rute. O mesmo deve ser dito diante de tudo o que aconteceu na execução precisa do plano de Noemi.

---

[e] Rute recebe oito vezes a mesma forma de tratamento, *minha filha*: cinco vezes proferida por Noemi (cf. Rt 2,2.22; 3,1.16.18) e três vezes proferida por Booz (cf. Rt 2,8; 3,10.11). Diante de Noemi e Booz, Rute começa a se perceber *filha do Deus de Israel*, que, por ela, abençoará todo o povo. Para as mulheres, Rute tornou-se para Noemi melhor do que sete filhos (cf. Rt 4,15).

Booz, ao saber que Rute era a mulher que estava aos seus pés, proferiu para ela uma segunda bênção, que foi além da primeira: *Bendita és tu diante do Senhor, minha filha!* A forma hebraica como essa bênção foi proferida, diante de uma mulher, é única em todo o Antigo Testamento. A invocação de bênção mais próxima à que foi proferida por Booz sobre Rute encontra-se no diálogo de Davi com Abigail. Todavia, Davi bendisse o Senhor e não Abigail, embora reconhecesse as suas habilidades como mulher sensata e sábia (cf. 1Sm 25,32-33). Rute foi louvada por Booz a partir da sua ação, tida como um grande ato de misericórdia realizado para ele (cf. Rt 3,10).

Pode-se dizer que Booz viu, no gesto de Rute, um ato de bondade de Deus a seu favor? Não só! Rute, na verdade, apareceu como um ato de bondade do próprio Deus para Noemi, que estava em crise, e para Booz, que se percebeu agraciado pelo gesto da jovem moabita. Rute é a personagem que atua entre Noemi e Booz. Por meio dela, Deus atua e manifesta a sua presença na vida de quem necessita.

Se, por um lado, Noemi reconheceu Booz como um resgatador, por outro lado, Booz assegurou ser um resgatador para Rute. Nas entrelinhas, porém, Deus é quem, de fato, estava aparecendo como resgatador diante das necessidades de Noemi, Rute, Booz e, por Davi, de Judá e de todo o Israel.

Noemi, falando o que Rute deveria fazer, colocou em ação o augúrio que desejara para suas noras no momento da despedida (cf. Rt 1,8-9). O augúrio de bênção não foi esperado como uma ação direta de Deus, mas foi buscado por Noemi, que se tornou um instrumento para que essa bênção se concretizasse. Este filão não foi perdido na trama narrativa, mas colocado em forte evidência ao longo dos acontecimentos.

No terceiro capítulo a presença e a ação misericordiosas de Deus não são descritas de uma forma direta, mas aparecem favorecendo as iniciativas de Noemi, de Rute e de Booz, isto é, dos vivos, mas, também, em favor e atenção aos mortos.

REFLEXÕES SOBRE O LIVRO DE RUTE

Enfim, no quarto capítulo, Booz colocou em prática a palavra que assegurou a Rute. O desfecho da questão sobre os direitos e os deveres familiares aconteceu em público e diante de testemunhas qualificadas. Booz tudo fez para conseguir, devidamente, o direito de ser o resgatador da parte do campo de Elimelec e de Rute (cf. Rt 4,1-10). Esta iniciativa humana obteve o almejado graças à astúcia de Booz, que se valeu das leis do resgate de pessoas e de bens contidas na Torah (cf. Lv 25,23-25; Dt 25,5-10). O conhecimento, o emprego e a obediência às leis, por parte de Booz, colocaram Deus como seu grande aliado na questão. Deus faz justiça a quem age com justiça.

A vitória de Booz, alcançando o desejado de forma jurídica, de acordo com a Torah,[f] deu ocasião para que uma nova bênção fosse proferida pelas testemunhas. O conteúdo dessa bênção tem a ver com a reversão do quadro de morte apresentado nos capítulos precedentes. O augúrio dos anciãos para Booz colocou Rute em relação às doze tribos de Israel pela menção de Raquel e Lia, esposas do patriarca Jacó, e, em particular, para os efrateus, ao citar um caso de levirato concluído graças à astúcia de Tamar sobre Judá, que dela gerou Farés (cf. Rt 4,11-12). A providência divina confirma iniciativas humanas a favor de quem vive o drama da morte. A morte é vencida pela dádiva divina, pois foi o Senhor quem resolveu a questão, causando a concepção em Rute: *ele* [Booz] *veio a ela* [Rute] *e o Senhor concedeu para ela a concepção e ela gerou um filho* (Rt 4,13b). O augúrio dos anciãos foi, igualmente, realizado.

Diante da graça concedida a Booz e Rute, entram em cena as mulheres de Belém. Para elas, o Senhor é bendito porque providenciou um resgatador para Noemi. A criança nascida, Obed, tornou-se motivo de bênção para Israel. Há um grande contraste entre a

---

f   É possível que o livro de Rute seja uma reinterpretação e atualização de leis contidas na Torah (cf. I. FISCHER, Rut. Das Frauenbuch der Hebräischen Bibel. *RHS* 39 (1996) pp. 1-6).

fala de Noemi para as suas noras, no momento da despedida (cf. Rt 1,10-13), e a fala final das mulheres para Noemi (cf. Rt 4,14-15).

A sorte de Noemi mudou graças ao Senhor, que lhe providenciou uma descendência, mudou o seu luto em alegria e o seu sofrimento cedeu lugar à esperança. O Senhor é quem, em última instância, resolveu o infortúnio, fazendo nascer um protetor para Noemi, a ponto de as mulheres reconhecerem que Obed se tornou como um filho para Noemi. Rute foi elogiada como sendo melhor que sete filhos. Esta referência pode servir de introdução para os sete filhos que nasceram de Jessé, com ênfase particular no sétimo, Davi (cf. 1Cr 2,15). Com a ênfase recaindo duas vezes sobre Davi, mostra-se que Deus foi o verdadeiro responsável por mudar a catástrofe de uma família em um futuro promissor, ou melhor, foi o responsável pela catástrofe de uma família para transformá-la em bênção copiosa para todo o povo eleito.

A presença e a ação de Deus não só interagiram com as iniciativas humanas, mas foram muito além delas, porque somente Deus, pela teologia do livro, pôde mudar os rumos da história e fazer ver que por detrás das crises residia um plano salvífico.

As bênçãos, que se encontram invocadas nos lábios de Noemi, de Booz, dos anciãos e das mulheres, foram todas atendidas sem que houvesse uma ação cultual ou sacrifical. Esta observação deve-se ao fundo histórico arcaico que se desejou dar às personagens e aos fatos que foram colocados num ambiente agrícola, onde predominavam os valores de solidariedade familiar.

No livro, ao se evidenciar os valores do ambiente agrícola, não se está formulando uma crítica ao que se experimentava na cidade. Quando Noemi regressa dos campos de Moab para Belém, o texto hebraico define a cidade de Belém por meio de artigo (cf. Rt 1,19) e assim continua sendo evocada (cf. Rt 2,18; 3,15; 4,2). A Belém de Noemi e de Booz estava bem estruturada, pois as decisões foram tomadas no portão da cidade, local de decisões e que possuía anciãos capazes de serem testemunhas qualificadas (cf. Rt 4,2.9-11).

Dentre essas testemunhas, o nome do morto, provavelmente Elimelec, foi invocado como membro do conselho (cf. Rt 4,10).

A atitude favorável aceita e tomada pelos anciãos sobre a questão proposta por Booz, que não somente desejou resgatar a propriedade de Elimelec das mãos de Noemi, mas quis contrair matrimônio com uma moabita, colocou tal procedimento sob a ótica da tolerância com os estrangeiros debaixo dos deveres propostos pela Lei de Deus. Assim sendo, Deus abençoou o casamento misto e dele fez originar o rei Davi.

3) As viúvas

Pode-se dizer que, segundo a tradição bíblica, uma viúva é uma mulher sem marido, sem filhos e sem sogro, isto é, uma mulher sem uma figura masculina que possa ser diretamente responsável por mantê-la ou tomar decisões a seu favor. Dt 10,18 afirma que viúvas e órfãos, não possuindo um protetor parental, ficavam sob os cuidados especiais de Deus. Esta proteção, porém, supunha uma comunidade fiel às suas obrigações legais, morais e religiosas, capaz de proporcionar o bem-estar da viúva e do órfão. Então, Deus se ocuparia deles através da comunidade obediente às suas leis.

A questão da viuvez, presente no livro de Rute, fundamenta-se em uma organização de sociedade pautada nos laços e na força do parentesco, principalmente, consanguíneo, mas também na força do parentesco juridicamente legal. Este tipo de sociedade visava proporcionar segurança à viúva e ao órfão, visto que ambos, em suas necessidades, seriam acolhidos, mantidos ou resgatados, caso fossem vítimas de escravidão por dívidas, por um parente próximo denominado *goel*.

O primeiro indício dessa questão pode ser percebido no momento em que Noemi tomou a firme decisão de regressar para Belém de Judá, após a morte de Maalon e Quelion. As chances de Noemi sobreviver na própria pátria e entre os seus parentes seriam maiores que nos campos de Moab. Ela, ao despedir-se de suas noras, não deu a entender que possuísse bens em Belém e que, com eles, pudesse levar uma vida economicamente autossuficiente e independente. Se Noemi possuía ou tinha direito à porção de campo pertencente ao seu falecido marido, de algum modo, teria algo material que a ajudaria a sobreviver em Belém. A propriedade de Elimelec somente passou para Noemi porque não havia um herdeiro varão.[g]

Todavia, a notícia sobre a porção de campo, colocada à venda por Noemi, foi dada por Booz somente quando ele se sentou junto ao portão da cidade para tratar do assunto com o parente, "fulano de tal", diante dos anciãos convocados para atestar o resultado da questão sobre o direito do resgate da propriedade. Sobre a porção de campo que pertencia a Elimelec, pelas notícias contidas no livro, não se pode dizer mais do que isso.[h]

O envio de Rute no segredo da noite até Booz, pela estratégia traçada por Noemi, denota interesses, decisões e consequências para a vida dessas duas viúvas. Se Booz tomou sobre si os interesses de Noemi, pode-se dizer que ela não estava em condição de desempenhar um papel decisivo à altura de um homem em sua cidade. Essa

---

[g] Jz 17,2-4 apresenta um caso particular, no qual a viúva, embora possuísse filhos, aparece dispondo dos bens. Em Jó 42,15, as filhas, juntamente aos irmãos, são contempladas com uma parte da herança. Pode-se pensar que essa inovação representasse uma postura contestadora frente à prática comum. Pr 31,10-31 desenvolve o tema da mulher digna de elogios, exaltando a figura da mulher-esposa como grande administradora dos bens da sua casa. É inclusive exímia comerciante, pois sabe negociar dentro e fora do seu povo. Nm 27,8-11 apresenta uma norma que concede o direito das filhas à herança e uma casuística sobre com quem ficaria a herança no caso de faltarem herdeiros ao falecido. Os bens, porém, deveriam ficar sempre entre os familiares, sejam próximos ou distantes, a fim de não serem alienados.

[h] Do ponto de vista etnográfico, o papel de Booz no portão da cidade, utilizando-se dos recursos legais ao seu dispor, parece confirmar o que diz F. S. Frick ("As viúvas na Bíblia Hebraica, p. 155): "Já que o casamento é visto como um acordo, feito pelos homens, que transfere os direitos do grupo natal da mulher para o marido e seu grupo, tais instituições como o levirato e a herança da viúva são, consequentemente, interpretadas como as que capacitam o grupo do marido para reter esses direitos, isto é, preservar o patrimônio."

questão parece encontrar uma solução mais apropriada situando-a num contexto social em que a autoridade aparece delegada ou, melhor, diretamente assumida por Booz.

Noemi, porém, sem marido e sem filhos, do ponto de vista jurídico-social, estava mais vulnerável, mas, mesmo assim, ainda poderia decidir o rumo da sua vida. Por não ser mais dependente do pai, do marido, dos filhos herdeiros ou do sogro, Noemi não era mais propriedade de nenhum homem. Por isso, a estratégia de Noemi e a sua execução obediencial, por parte de Rute, podem ser entendidas como uma tomada de decisão ao lado de uma preferência pessoal quanto ao futuro debaixo da proteção de Booz. Noemi, Rute e seus bens estariam protegidos nas mãos de Booz, que deu demonstração de zelo e de atenção pelas duas viúvas.

O segundo indício tem a ver com um dever específico parental, é o caso do levirato, e pode ser percebido no argumento que Noemi utilizou diante de suas noras (cf. Rt 1,11-13). O realismo sobre o ciclo feminino da sua vida, como viúva, fundamenta o argumento apresentado para dissuadir suas noras. Ela afirmou que as esperanças de ter um novo matrimônio, através do qual ela pudesse gerar novos filhos para dá-los em casamento às suas noras, não deviam ser alimentadas pelas noras.

Noemi, ao afirmar que para ela não havia chances de um segundo matrimônio, estava dando a entender que para as suas noras, no seio de sua família, também não haveria uma nova chance de matrimônio através do levirato, pois, ainda que viessem filhos de seu ventre, o tempo de espera seria longo e cruel demais para as duas suportarem. Noemi não hesitou e não exigiu de suas noras tão grande sacrifício.

Neste sentido, a força de persuasão que Noemi pretendeu exercer sobre suas noras para que elas regressassem à *casa materna*, bem como o augúrio para que cada uma encontrasse repouso *na casa de um marido*, era uma tentativa de a sogra aliviar a dor das suas noras, que passaram a enfrentar a viuvez ao seu lado.

Noemi quis incutir nelas a esperança de um futuro mais brando, apelando para as chances mais profícuas através dos laços familiares de Orfa e Rute no meio de seus parentes. O maior agravante, porém, para os laços com Noemi "se desfazerem" ficou por conta da falta de uma prole, visto que as duas noras ficaram viúvas e seus maridos não geraram filhos com elas.

Se para Noemi existia uma esperança, frente à morte de seu marido e dos seus filhos, esta foi suscitada e sustentada pela notícia da visita favorável do Senhor ao seu povo, dando-lhe pão. Noemi, voltando para Belém e para junto dos seus familiares, poderia, ao menos, pensar em morrer sob a proteção e amparo de um familiar solidário com a sua desgraça. Todavia, o maior auxílio recebido por Noemi, no momento da sua decisão, adveio da firmeza de Rute em seguir viagem com ela. Noemi passou a chamar Rute de *minha filha* (cf. Rt 2,2.22; 3,1.11.16.18).

A solidariedade de Rute com Noemi, em sua decisão de seguir viagem com ela, determinou o futuro dos acontecimentos em Belém. Rute uniu-se, definitivamente, a Noemi pelos laços de um juramento de cunho religioso e a força do vínculo apareceu na fala de Booz a Rute (cf. Rt 2,11-12). Neste sentido, o destino das viúvas Noemi e Rute passou para as mãos do Senhor. Apesar de o livro insistir nas ações tomadas pelas duas, o êxito dos acontecimentos foi atribuído ao Senhor.

Noemi e Rute são duas viúvas que, diante das situações adversas, souberam tomar decisões perspicazes e inteligentes. Não vacilaram nas coisas que disseram ou fizeram uma em função da outra. Elas, em tudo, foram coniventes na busca do mútuo interesse pelo seu bem-estar. Não houve ruptura no relacionamento humano das duas frente aos riscos e perigos de uma sociedade com poucas chances para viúvas: de um lado, uma idosa; e, do outro lado, uma estrangeira. Em nada, essas duas mulheres apareceram como impuras, inferiores aos homens, ou desmerecedoras dos bens divinos.

A viuvez aparece encarada com grande realismo. Noemi e Rute são apresentadas como exemplo de superação das dificuldades, porque não se deixaram vencer. Diante do abatimento de Noemi, a solidariedade de Rute tornou-se uma razão para continuar acreditando na presença e nos auxílios divinos. Rute, para Noemi, foi uma filha, sinal de que Deus não lhe abandonou ao léu do destino. Noemi, para Rute, foi uma mãe, sinal de que Deus a acolheu e, por ela, determinou o destino do povo eleito. Noemi, Rute e Booz, vivendo a reciprocidade da bondade e da mútua caridade, testemunharam a certeza de que o Deus de Israel era, de fato, protetor das viúvas.

4) Interpretação patrística

Analogias, comentários parafraseados e aplicações às situações contextualizadas e concretas da vida do povo eleito, de Cristo e da Igreja são os elementos que se encontram na leitura e interpretação que alguns Padres da Igreja fizeram do livro de Rute.[i]

O método hermenêutico utilizado e praticado por esses Padres leva em conta, essencialmente, os fundamentos da revelação e o desenrolar da história da salvação que se concretizam em Jesus Cristo e continuam presentes em sua Igreja. Nesta relação, encerra-se o sublime mistério da união de Jesus Cristo esposa com sua Igreja esposa.

Na disposição dos textos a seguir, optou-se por não se fazer uma tradução literal dos comentários, mas apresentá-los pelo sentido teológico que esses Padres encontraram e deram aos textos, respeitando o mais possível a disposição da trama narrativa do livro.

---

[i] As referências aos textos dos Padres da Igreja, aqui citados, foram feitas a partir da obra: *Ancient Christian Commentary on Scripture, Old Testament IV, Joshua, judges, Ruth, 1-2 Samuel* (edited by John R. Franke). Illinois: Inter Varsity Press, 2005 [trad. italiana de Chiara Spuntarelli, *La Bibbia Commentata dai Padri*. AT 3: Giosué, Giudici, Rut, 1-2 Samuele. Roma: Città Nuova, 2003, pp. 223-236].

Jerônimo *(Questões hebraicas sobre os Paralipômenos, 1438A-B)*

Elimelec e sua família imigraram para os campos de Moab devido à carestia, querendo evitar a morte, mas foi a morte que encontraram ao abandonar a pátria. A carestia parece ter assolado, mais fortemente, o clã de Judá. A razão da carestia foi a não observância da Lei de Deus. Nesse sentido, a falta de víveres foi um meio utilizado por Deus para que os israelitas se convertessem. O abandono da pátria e a morte de Elimelec e de seus dois filhos, em terra estrangeira, prova que não houve conversão.

Ambrósio *(Exposição sobre o evangelho de Lucas, 3,30-31)*

O motivo para a pessoa de Rute ter sido inserida, por Mateus, na genealogia de Jesus explica-se pela vocação dos estrangeiros à fé por meio do Evangelho. O fato inesperado de Rute ter se casado com um judeu, algo proibido pela Lei dada aos filhos de Israel por Moisés (cf. Ex 34,16; Dt 7,3; 23,3), não tornou ilegítima a ascendência humana de Jesus, mas concretizou, de fato, o sentido da Lei que serve para os injustos e não para os justos. Rute, porém, demonstrou-se superior à Lei pela vida pura que levava. A justiça que não se encontrou em Belém, onde nasceria o Messias, foi encontrada em Rute, uma moabita. A justiça praticada por Rute, verdadeira piedade religiosa e humana, foi percebida por Booz pelo que ela fez em relação a Noemi, pela fidelidade ao seu marido morto, e pela veneração que devotou ao Deus dos judeus. Pelos atos de Rute, Booz não hesitou em se casar com ela e cumprir o que a Lei de Moisés prescrevia sobre suscitar um descendente ao parente que morria sem deixar filhos.

Paulino de Nola *(Carmi 27,529-540)*

Entre *Juízes* e *Reis*, o pequeno livro de Rute distingue tempos e decisões, em momentos de guerra. Rute e Orfa são irmãs que assumem posturas diferentes em relação à sogra. A postura de Rute evoca a fidelidade e a postura de Orfa, a infidelidade. A primeira prefere Deus à sua pátria. A segunda prefere a pátria e não a vida.

Essas duas posturas estão em discórdia na terra, entre os que seguem a Deus e os que seguem o mundo. Se a porta que leva à salvação é estreita, então, o número dos que se salvam (dos que são como Rute) não é igual ao número dos que se condenam (dos que são como Orfa). O erro arrasta, com facilidade, para a ruína.

Isidoro de Sevilha *(Sobre Rute 7)*

Rute prefigura a Igreja porque esta, como a moabita, é estrangeira em Judá, vem dos gentios, abandona a terra de sua origem e tudo o que ela contém. As palavras de Rute, que fizeram Noemi aceitar a sua companhia, revelam que Rute era imagem da Igreja que, chamada por Deus entre os gentios, deixa a sua terra de origem (idolatria) e as coisas terrenas para confessar, Senhor Deus, aquele aos quais os santos acreditaram (Jesus). As vicissitudes de Rute, ao lado de Noemi, apontam para a Igreja que segue a Cristo em sua vida e em sua paixão, sofre com Ele para estar com Ele, após a morte, na comunhão dos santos. Por isso, Rute pôde ser inserida na genealogia de Jesus por Mateus, visto que Moisés já anteciparás essa realidade: *Exultai, nações, com o seu povo, mostrai em que acreditais; exultai com aqueles que, por primeiro, foram escolhidos para a glória eterna* (cf. Rm 15,10).

Ambrósio *(Exposição sobre o evangelho de Lucas 3,30)*

Se a Lei foi estabelecida para os ímpios e injustos, Rute superou-a tornando-se uma antepassada da estirpe do Senhor não pela carne, mas pela alma. Rute é para os cristãos um grande exemplo, digna de ser imitada. Imagem antecipada de todos os que foram recolhidos dentre os gentios para ingressar na Igreja do Senhor. Assim como, por sua conduta, Rute foi privilegiada e acolhida na comunidade, também os cristãos, por uma conduta eleita, procuram, por seus méritos, agregar-se à Igreja do Senhor.

Teodoreto de Ciro *(Questões sobre Rute 1,521A)*

A breve narrativa de Rute ensina, dentre tantas coisas: os tristes acontecimentos de Noemi, o louvor da perseverança, a temperança das jovens esposas, o afeto pela sogra, que Rute, por ter uma alma piedosa e pela memória do próprio marido, preferiu seguir uma mulher velha e na miséria, ao invés de retornar para os pais.

Pseudo-Cristóstomo *(Opus imperfectum in Matthaeum, Homilia 1,619)*

Booz casou-se com Rute em razão da sua fidelidade, porque, escolhendo Israel, abandonou seu povo e sua terra, mas não abandonou a sua sogra viúva e exilada. Rejeitou os deuses do seu povo e escolheu o Deus vivente.

Jerônimo *(Cartas 39,5)*

Ao escrever uma carta para Paula, procura consolá-la, visto que perdera a filha Blesila em novembro de 384. O teor dessa carta lembra a relação afetuosa de Noemi e Rute. Paula, por ser mãe, tem o direito de chorar a morte de sua filha, como Noemi deve ter chorado a morte de seu marido e de seus filhos, mas, por ser cristã, deve superar essa provação em razão de sua santidade, porque os sofrimentos de mãe não superam os méritos de uma cristã.

Gregório Magno *(Cartas 1,6)*

Ao constatar que a sua vida estava repleta de amarguras, Gregório compara-se a Noemi, como se tivesse perdido filhos e, devido aos cuidados temporais, deixou de realizar boas obras. Assume, para si, as palavras de Noemi: *Não queirais chamar-me Noemi, isto é, bela, mas chamai-me Mara, porque estou plena de amarguras* (Rt 1,20).

Ambrósio *(As viúvas 6,33)*

Uma viúva que educou filhos e noras não fica desamparada. Rute cuida de Noemi por gratidão pelos ensinamentos e educação que dela recebeu. Esse é o motivo pelo qual Rute escolheu Noemi ao invés da casa paterna. Um ótimo ensinamento não conhece indigência. Por isso, após ter perdido o marido e os filhos, e não sendo mais fecunda, não perdeu o prêmio por sua piedade, mas encontrou em Rute a consolação para as aflições e o sustento em sua pobreza.

Teodoreto de Ciro *(Questões sobre Rute 1,521BC)*

Booz, por ser virtuoso, é exemplo de um generoso ministro da liberalidade. Ele, diante de Rute, não somente dividiu o pão, mas a encorajou, revelando que sabia os fatos e como ela se comportara diante deles. Booz revela que conhece as escolhas que Rute fez em favor de Noemi e do seu falecido marido. As ações de Rute tornam-se dignas de mérito e os augúrios de bênçãos que ele faz se concretizam não só ao dividir com ela o pão, mas ao tornar-se, ele mesmo, ministro do benefício que lhe augurou. A bênção de Booz sobre Rute alcança Noemi, que não fica indiferente, mas contracambia, também, com bênçãos para esse benfeitor. Booz não considerou em primeiro lugar a pobreza, mas o legislador que prescreveu o cuidado com as viúvas.

Teodoreto de Ciro *(Questões sobre Rute 2,521D-524AB)*

Rute, ao tomar conhecimento sobre os laços de parentescos que existiam entre Booz e Elimelec, pôde perceber o sentido da gentileza que lhe devotou: esposá-la para conservar a memória do seu falecido marido, cumprindo a Lei. A comprovação dessa intenção pode ser percebida no desejo de Booz: *Escuta, minha filha, não vás respigar em outro campo e não ultrapasses deste ponto. Assim, estarás aderindo às minhas jovens* (Rt 2,8). Ao aconselhar Rute, Noemi demonstrava confiar nas virtudes e na justiça de Booz. Os fatos narrados confirmaram as palavras de Noemi sobre Booz.

O gesto de Rute não foi um ato de volúpia e, por isso, não foi desabonado por Booz, mas visto como um ato virtuoso, pois ela agiu a favor do seu falecido marido, isto é, agiu segundo a Lei. A escolha de Rute por Booz, que a considerou uma filha, ao invés de ir atrás de um jovem, demonstrou que o seu desejo não era o prazer.

Pseudo-Cristóstomo *(Opus imperfectum in Matthaeum, Homilia 1,619)*

Sem a inspiração divina, Rute não teria dito o que disse e não teria feito o que fez. Rute desejou possuir a semente de um Israel justo em seu seio, tornando-se una com o povo de Deus. Ao escolher Booz, colocou o sentimento religioso na frente do desejo humano-feminino. Com isso, escolhia uma família santa ao invés do prazer da jovem idade. Booz acolheu Rute sob seu manto e não abusou dela, não a enganou como fazem os jovens, mas foi humilde e casto. Booz não desprezou Rute como os ricos fazem com os pobres, nem como as pessoas maduras fazem com um jovem, mas julgou Rute pelos valores da Lei e pelos seus sentimentos religiosos. Booz mostrou-se mais preparado na fé do que no corpo. Impulsionado pelo desejo de realizar o pedido de Rute, Booz apressou-se em fazer valer não o direito do parentesco, mas o favor de Deus que o havia escolhido. Por isso, prevaleceu à porta da cidade.

Isidoro de Sevilha *(Sobre Rute 7)*

Rute, ao entrar em Belém na companhia de sua sogra, podia ter em mente encontrar, no meio dos parentes de Noemi, um pretendente-esposo. Esse projeto estaria contido no augúrio que Noemi dirigiu às suas noras no momento em que se despedia delas. O parente mais próximo renunciou à compra do campo e a suscitar descendência ao falecido esposo de Rute. Por isso, Booz, devido à renúncia, pôde pretendê-la, segundo a Lei, e o fez diante do testemunho de dez anciãos. Esta renúncia do parente próximo a favor de Booz foi uma prefiguração de João Batista, que não sendo o esposo (cf. Jo 1,29-27; 3,28-29) deu testemunho da verdade diante dos que o interrogavam a favor de Jesus. Então, Rute prefigura a Igreja e Booz a Cristo, verdadeiro esposo da Igreja, que receberia numerosos membros gentios espalhados por todo o mundo.

Teodoreto de Ciro *(Questões sobre Rute 2,521D-524C-525A)*

Booz era um homem virtuoso, casto e justo, pois submeteu seu desejo de esposar-se com Rute à Lei, respeitando o direito do parente próximo, a fim de que, se viesse a esposá-la fosse conforme a Lei. Para agir conforme a Lei, ele dialogou com o parente próximo nos termos da Lei e não antepôs o matrimônio ao campo, mas apresentou, primeiro, o direito ao campo, para que, depois, revelasse a obrigação de suscitar descendência ao falecido marido, preservando-lhe a memória através dos filhos.

Pseudo-Cristóstomo (Opus imperfectum in Matthaeum, Homilia 1,619)

Booz, por um ato de fé, tomou Rute por mulher, a fim de que pela santidade desse matrimônio nascesse uma progenia régia. Booz, por ser velho, não tomou uma mulher para si, mas para Deus, por respeito à Lei e não à carne, para ressuscitar a semente do próprio parente, mais por sentimento religioso do que por ardente desejo de amor. Velho na idade, mas jovem na fé.

Ambrósio (A fé 3,10,68)

Segundo a lei do levirato, o parente ou o irmão falecido devia unir-se à viúva para lhe suscitar descendência. Rute, apesar de ser estrangeira, casou-se com um judeu que em vida possuía parentes próximos: o anônimo e Booz, que a amou desde o instante em que a viu em seu campo. Booz somente poderia ter Rute por mulher a partir do momento em que se dissolvessem os laços da sandália daquele que possuía o direito pela Lei. A história é simples, mas o mistério é profundo. O que se realizava, outra coisa prefigurava. Da descendência de Rute, o povo judeu, viria Cristo segundo a carne (cf. Rm 9,5), o qual teria ressuscitado o sêmen do seu parente próximo, isto é, o povo morto, com o sêmen da doutrina celeste; a ele as prescrições espirituais da lei atribuíam o calçar nupcial dos laços com a Igreja.

Isidoro de Sevilha (Sobre Rute 7-8)

Quando um homem queria se divorciar da sua mulher, segundo um antigo costume, tirava a sandália, e este era o sinal do divórcio. Somente Cristo, verdadeiro esposo, podia calçar a sandália e aproximar-se, legitimamente, da Igreja. A bênção dos dez anciãos, que testemunharam, demonstra que os gentios foram salvos e abençoados no nome de Cristo. O que fora prefigurado, desde o início, aconteceu com o advento do Senhor. Ninguém pense que as figuras precedentes foram inúteis, tudo foi completado de acordo com todas as vozes na verdade e com todas as figuras da Sagrada Escritura. Aquele que as prometeu levou-as à realização através do seu filho, Jesus Cristo nosso Senhor, rei, redentor e salvador, ao qual sejam dadas honra e glória nos séculos dos séculos. Amém.

João Crisóstomo *(Homilias sobre o evangelho de Mateus 3,4)*

Os acontecimentos relativos a Rute são semelhantes ao que nos diz respeito. Rute era estrangeira e caiu em extrema pobreza, mas Booz, vendo-a, não desprezou a sua pobreza nem sentiu repúdio pela sua humilde origem (cf. Rt 1,9-11). Do mesmo modo, Cristo acolheu a Igreja, que era estrangeira e em grande pobreza, e a tomou para que fosse partícipe de grandes bens. Assim como Rute, se não tivesse antes deixado o pai, a casa, a estirpe, a pátria e os consanguíneos, não teria obtido matrimônio, também a Igreja, depois de ter abandonado os costumes dos pais, tornou-se amável para o seu esposo. É o que diz o profeta dirigindo-se a ela: *Esquece o teu povo e a casa do teu pai, e o rei desejará a tua beleza* (Sl 44,11-12). Assim fez Rute. Por isso tornou-se mãe do rei, como a Igreja; de fato, dessa descende Davi.

Teodoreto de Ciro *(Questões sobre Rute 2,525CD)*

As palavras de bênção, pronunciadas pelos anciãos para Booz (cf. Rt 4,11b-12), aludem ao fato que aconteceu também com outra mulher. Por isso, lembram Raquel e Lia, que fundaram a casa de Israel. A expressão: *Procura-te riquezas em Éfrata e faz-te um nome em Belém, célebre entre todos os homens*, profetiza o parto salvífico de Jesus Cristo, pelo qual Belém tornou-se famosa entre todos os homens.

Efrém, o Sírio *(Hinos sobre a Natividade 9,12-16)*

Rute jaz com um homem sobre o chão de um celeiro pela tua salvação. O seu amor foi audaz por tua causa. Ela ensina audácia a todos os penitentes. Os seus ouvidos desprezaram todas as vozes pela tua voz. O carvão ardente, que avançou furtivamente ao leito de Booz, andou e permaneceu. O Sumo Sacerdote está escondido em seus dorsos, o fogo para o teu turíbulo. Rute correu na direção dele e tornou-se a bezerra de Booz. Por ti, ela apresentou o boi gordo. Respigou o grão por teu amor; amassou a palha. Tu lhe pagaste rapidamente o salário pela tua humilhação: ao invés das espigas, a estrada do rei; no lugar da palha, o feixe da vida que dela descende.

Teofilato *(Comentário a Mateus 1,3-4)*

Booz gerou Obed da estrangeira Rute. Assim, também, a Igreja foi reunida entre os gentios. Como Rute, os gentios foram estrangeiros e distantes das alianças, mas eles abandonaram a sua gente, os seus ídolos e o seu pai, o diabo. Como Rute esposou Booz, da estirpe de Abraão, assim a Igreja foi tomada por esposa pelo Filho de Deus.

Conclusão

O principal interesse contido na trama narrativa do livro de Rute é o incentivo à fé no Deus justo e providente. Há um apelo no livro que procura incidir sobre a vida do ouvinte-leitor, pois deseja a sua conversão e o seu retorno para Deus, mostrando que as tragédias ocorridas na vida de Noemi e de Rute tinham um propósito divino.

A Lei de Deus, pouco evidente no primeiro capítulo do livro, tornou-se visível nas ações assumidas por Booz, do segundo capítulo em diante, mostrando que ele sabia viver e ser justo aos olhos de Deus em tudo o que fazia ou devia fazer. A Lei de Deus no livro de Rute não acontece na realidade cultual,[a] mas nas vicissitudes que envolvem a família, o trabalho e as decisões tomadas no dia a dia pelas personagens centrais da narrativa. Percebe-se que os fatos ocorridos na vida de Noemi estavam inseridos no conjunto da vida social dos belemitas e, por Davi, para todo o povo eleito.

Cada ouvinte-leitor pode e deve entender a sua própria vida através dos fatos e do modo como a vida de Rute serviu para que o plano de Deus acontecesse na vida de Noemi, de Booz e do seu povo. O livro de Rute tornou-se um modo de interpretar e entender a vida nos seus altos e baixos dentro do plano da salvação operado por Deus.

O ingresso de Rute no seio do povo eleito resultou, pela sua adesão filial a Noemi e pelo seu matrimônio com Booz, na renovação

---

[a] A falta de referência ao culto e ao templo de Jerusalém, tão próximos de Belém, deveria ser considerada como um argumento favorável, ou como uma crítica intencional, para situar e acentuar o ambiente de origem no contexto agrário e não no contexto urbano. A passagem ficaria por conta da trama narrativa que evoluiu nos livros de Samuel e Reis, para sublimar a importância e o papel de Jerusalém a partir das conquistas do rei Davi.

das esperanças e das forças do povo eleito, para que continuasse a sua história com fé na visita providente e na ação renovadora de seu Deus.

Mais do que uma comunicação do saber, o livro de Rute é uma comunicação que objetiva despertar no ouvinte-leitor o interesse e a sua pessoal apropriação da mensagem, preparando o seu engajamento no seio da comunidade. Assim regenera-se a própria comunidade a partir da cura dos seus membros que se abrem para que novos membros possam fazer parte dela. Se Noemi, Booz e os belemitas tivessem se fechado a Rute, a história teria tido outro final. A história não está determinada somente por Deus, mas por cada ação ou reação que o ser humano toma na sua existência diante do plano sapiente de Deus.

A analogia que deriva do livro de Rute, na vida do ouvinte-leitor, não será perfeita e plena, mas, necessariamente, será integral à medida que cada um reconhece que Deus toma iniciativas para interpelar o ser humano no seu cotidiano. É um movimento que permite que a história bíblica encontre-se com a história de cada ser humano. É uma história relacional.

O livro de Rute mostra Deus encontrando-se com o homem no tempo e no espaço, no movimento e no mistério que envolve a morte e a vida, fazendo-o participar do seu amor previdente e providente. Assim como Deus não estava ausente da vida de Noemi, pois através de Rute e do seu amor revelaram-se a sua presença e a sua ação, também não está ausente de cada ser humano, pois o seu amor salvífico continua agindo na história.

A escolha judaica de ler o livro de Rute durante a Festa de Pentecostes, que agradece as primícias da colheita, permitiu que a sua história se tornasse uma realidade modelar. A menção das possibilidades que se deram no passado desta jovem estrangeira torna eficaz o presente, garantindo a possibilidade de um futuro promissor. Assim como em cada semente colhida encerra-se a esperança de uma nova e abundante colheita, em cada ser humano que vem ao mundo encerra-se a esperança da sua transformação.

Esta esperança tem a ver com a salvação, qual mistério que se torna presente e ativo na vida pessoal do ouvinte-leitor à medida que se abre para acolher e encarar o seu drama existencial com fé e esperança. A narrativa da salvação acontecida na vida de Noemi, de Rute, de Booz, dos belemitas e de Davi deve cruzar com o desejo de salvação que reside em cada ouvinte-leitor de que a vontade de Deus aconteça através da liberdade humana. Noemi, Rute e Booz são personagens ativos, que dominam as cenas, e, nelas, o diálogo ocupa o espaço que marca e determina o seu caráter.

A experiência humano-divina transmitida no livro permite ao ouvinte-leitor perceber o que Deus pensa, sabe e faz com determinação para conduzir a história. Contrasta o conhecimento humano limitado dos acontecimentos vivenciados com a direção que Deus dá para a história aparentemente trágica e sem nexo aos olhos humanos.

A situação inicial de penúria, agravada pela morte dos varões e pela desesperança de Noemi, aparece confrontada com a situação final. O desfecho foi se desenrolando, paulatinamente, à medida que Rute foi assumindo o protagonismo ao lado de Noemi e de Booz, até alcançar o clímax desejado no matrimônio e no filho gerado que transformaram, completamente, a tragédia em felicidade, isto é, a morte em vida.

A solução do problema veio acompanhada de uma revelação que, evidenciando Davi, ofereceu um elemento para que o livro de Rute ficasse em aberto e a narrativa pudesse prosseguir nos livros de Samuel e Reis (cânon da LXX/Vulgata), mostrando que, em última instância, Deus é quem interveio e transformou a penúria em abundância.

O ouvinte-leitor, entrando e vivendo a dinâmica narrativa deste livro, tornou-se capaz não só de seguir o texto, mas de ser construído pelo texto, partilhando as emoções, os sentimentos, as escolhas e os valores que acompanharam as personagens. De certo modo, o narrador apresentou, estrategicamente, a sua percepção da história e como esta se encontra, em última análise, submetida a Deus. Para além da verdade histórica do livro de Rute, o ouvinte--leitor descobriu a verdade da narrativa, isto é, a verdade que o texto nele pretende operar.

Portanto, o narrador consegue dizer para o ouvinte-leitor uma verdade através da vida e das vicissitudes das personagens: a fome, o exílio, a morte e os demais obstáculos não possuem a última palavra na história do povo eleito, porque Deus é o único que pode decidir o seu rumo e determinar o seu desfecho.

Referências bibliográficas

ALBERTZ, R. *Historia de la religión de Israel en tiempos del Antiguo Testamento*, vol. 1 (de los comienzos hasta el final de la monarquía). Madrid: Trotta, 1999.

ALETTI, J-N.; GILBERT, M.; SKA, J.-L.; DE VULPILLIÈRES, S. *Lessico Ragionato dell'esegesi biblica: le parole, gli approcci, gli autori*. Brescia: Quereniana, 2006.

BEATTIE, D. R. G. The Book of Ruth as Evidence for Israelite Legal Practice. *VT* 24 (1974), p. 251-267.

BÍBLIA HEBRAICA. *Quinta editione cum apparatu critico novis curis elaborato*. General Introduction and Megilloth. Stuttgart: Deutsche Bibelgeselschaft, 2004.

D'ANGELO, C. *Il libro di Rut. La Forza delle Donne: Commento Teologico e Letterario*. Bologna: EDB, 2004.

DACIES, E. W. Inheritance Rights and the Hebrew Levirate Marriage. *VT* 31 (1981), pp. 138-144.

FARIA, J. F. (org.) *História de Israel e as pesquisas mais recentes*. Petrópolis: Vozes, 2003.

FINKELSTEIN, I.; SILBERMAN, N. A. *Le tracce di Mosé. La Bibbia tra storia e mito*. Roma: Carocci, 2002.

FISCHER, I. Rut. Das Frauenbuch der Hebräischen Bibel. *RHS* 39 (1996) pp. 1-6.

FRANKE, J. R. (org.) *Ancient Christian Commentary on Scripture, Old Testament IV, Joshua, judges, Ruth, 1-2 Samuel*. Illinois: Inter Varsity Press, 2005 [trad. italiana de Chiara Spuntarelli, *La Bibbia Commentata dai Padri*. AT 3: Giosué, Giudici, Rut, 1-2 Samuele. Roma: Città Nuova, 2003].

FRICK, F. S. As viúvas na Bíblia Hebraica: Uma abordagem Transacional. In: BRENNER, Athalya. (org.) *De Êxodo a Deuteronômio a partir de uma leitura de gênero*. São Paulo: Paulinas, 2000.

GENETTE, G. *Figures III*. Paris: Seuil, 1972.

HAMILTON, V. P. Marriage: Old Testament and Ancient Near East. In: *Anchor Bible Dictionary*, vol. 4, p. 559-569.

JOÜON, P. *Ruth*; commentaire philologique et exégétique. Roma: PIB, 1993.

KESSLER, R. *História social do Antigo Israel*. São Paulo: Paulinas, 2009.

LIVERANI, M. *Oltre la Bibbia*; storia antica di Israele. Roma: Laterza, 2003.

MESTERS, C. *Rute*. São Leopoldo/Petrópolis: Sinodal/Vozes, 1986.

PRINSLOO, W. S. The Theology of the Book of Ruth, *VT* 30/3 (1980) pp. 330-341.

RÖMER, T. *A chamada história deuteronomista. Introdução sociológica, histórica e literária*. Petrópolis: Vozes, 2008.

SCHOTTROFF, E. "פקד". In: JENNI, E.; WESTERMANN, C. (org.) *Diccionario Teológico Manual del Antiguo Testamento*, vol. II. Madrid: Cristiandad, 1978, pp. 589-613.

SCHREINER, J.; KAMPLING, R. *Il prossimo – lo straniero – il nemico*. Bologna: EDB, 2001.

SCHWIENHORST-SCHÖNBERGER, L. *Das Bundesbuch* [Ex 20,22–23,33]. *BZAW* 188, Berlin-New York, 1990.

SILVA, A. da. *Rute. Um evangelho para a mulher de hoje*. São Paulo: Paulinas, 2002.

ZENGER, E. (org.) *Introduzione all'Antico Testamento*. Brescia: Queriniana, 2005.

Impresso na gráfica da
Pia Sociedade Filhas de São Paulo
Via Raposo Tavares, km 19,145
05577-300 - São Paulo, SP - Brasil - 2012